HEYNE
BÜCHER

HEYNE KOCHBÜCHER

Ursula Paschen

FIT DURCH TRENNKOST

Alles über diese gesunde Ernährungsform mit zahlreichen Rezepten

Originalausgabe

WILHELM HEYNE VERLAG
MÜNCHEN

HEYNE KOCHBUCH
07/4653

Printed in Germany 1993
Umschlaggestaltung: Atelier Ingrid Schütz, München
Umschlagfoto: Studio Teubner, Füssen
Satz: Schaber Satz- und Datentechnik, Wels
Druck und Bindung: RMO-Druck, München

ISBN 3-453-06329-5

INHALT

Abkürzungen und Erklärungen:

TL	= Teelöffel = $\frac{1}{2}$ Kaffeelöffel
KL	= Kaffeelöffel
EL	= Eßlöffel
ML	= Meßlöffel, z.B. für Biobin; das Maß befindet sich in der Biobin-Dose
Msp	= Messerspitze
g	= Gramm
kg	= Kilogramm
l	= Liter
ml	= $\frac{1}{1000}$ l (1 g)
1 Tasse	= $\frac{1}{8}$ l, also 1 normale Teetasse
TK	= Tiefkühlkost

Alle Nahrungsmittel, die Sie in den normalen Lebensmittelgeschäften nicht erhalten, finden Sie im Naturkostladen oder im Reformhaus, außer Wildschinken, den man meist nur in speziellen Wildgeschäften bekommt.

Vorwort

Fit sein – wer von uns träumt nicht davon?
Aber wie stelle ich das an?
Sicherlich haben auch Sie die Feststellung gemacht, daß man mit einer Diät abnimmt, jedoch nach Beendigung derselben relativ schnell wieder sein altes Gewicht erreicht und meist noch mehr zunimmt, als man zuvor abgenommen hat.
Um diesen Jo-Jo-Effekt zu beenden, hilft nur eine

Ernährungsumstellung.

Diese darf von der bisher gewohnten Kost jedoch nicht zu sehr abweichen. Sie muß überall, ob auf Reisen oder bei Einladungen, durchführbar sein.
Diesen Anforderungen entspricht die **Trennkost.**
Mit dem »Ernährungsplan zum Einstieg in die Trennkost«, gelingt Ihnen die Ernährungsumstellung in kurzer Zeit.
Da Sie nicht unbedingt damit rechnen können, daß Ihre Familie die Ernährungsumstellung nach den Empfehlungen der Trennkost mitmachen wird, stelle ich im letzten Teil des Buches Rezepte für die ganze Familie vor. Hier braucht Ihre Familie auf bisher gewohnte Kost nicht zu verzichten und Sie können nach den Empfehlungen der Trennkost mitessen. Dies hat den Vorteil, daß innerhalb einer Familie nicht verschiedene Gerichte zubereitet werden müssen.
Machen Sie Schluß mit Gewichtsproblemen und ständig wechselnden Diäten. Setzen Sie stoffwechselbedingten Unpäßlichkei-

ten wie Antriebsschwäche, Müdigkeit, Kopf- und Gliederschmerzen ein Ende!
Haben Sie Mut, beginnen Sie mit Ihrer Ernährungsumstellung. Ich wünsche Ihnen dabei viel Erfolg,

Ursula Paschen

Wie kam es zur Trennkost?

Die Haysche Trennkost ist nach ihrem Erfinder Dr. Howard Hay benannt. Dr. Hay war Arzt und lebte in Amerika. Er erkrankte an einem Nierenleiden und keiner seiner Kollegen konnte ihm helfen. Sein Gesundheitszustand wurde schließlich als hoffnungslos angesehen. In dieser ausweglosen Situation begann Dr. Hay mit Eigenexperimenten. Er reduzierte den Verzehr von Eiweiß und Kohlenhydraten und trennte innerhalb einer Mahlzeit die konzentriert kohlenhydrathaltigen von den konzentriert eiweißhaltigen Nahrungsmitteln. Dagegen erhöhte er die Zufuhr von Obst, Gemüse und Salat und achtete darauf, die Hälfte dieser Nahrungsmittel in roher Form zu sich zu nehmen.
Mit dieser Ernährungsumstellung erlangte er nicht nur seine Gesundheit wieder, sondern konnte sogar seinen Beruf weiter ausüben. Auf Grund dieser persönlichen Erfahrung kam Dr. Hay zu der Überzeugung, daß vor allem vier Gründe verantwortlich sind, wenn wir uns müde und schlapp fühlen. Ständige Müdigkeit ist ein erstes Anzeichen für den Verlust unserer Vitalität.

1. Grund: Die Zufuhr von unnatürlichen Nahrungsmitteln.

Zu diesen zählen alle sterilisierten und raffinierten, d.h. stark be- und verarbeiteten Nahrungsmittel, wie z.B. Auszugsmehl, isolierter Zucker, erhitzte und gesüßte Säfte.

2. Grund: Die übermäßige Verwendung von Kohlenhydraten und Eiweiß.

Kohlenhydrate und Eiweiß sind Säurebildner und führen bei zu häufiger Verwendung zur Übersäuerung unseres Organismus. Um einen ausgeglichenen Säure-Basen-Haushalt zu erreichen, muß unsere Ernährung wie folgt aussehen: **70–80%** unserer täglichen Nahrungsmittelzufuhr soll aus **Basenbildnern** bestehen, dies sind vor allem **Obst, Gemüse und Salat.** Die Hälfte dieser Basenbildner sollte in unerhitzter Form verzehrt werden. Bei überwiegendem Genuß von gekochten Speisen wird unser Nahrungsbedürfnis größer. Wir essen mehr als unser Körper verarbeiten kann, was Gewichtszunahme zur Folge hat. **20–30%** unserer täglichen Ernährung kann aus **Säurebildnern** bestehen, d.h. **Kohlenhydraten und Eiweiß.** Zuviel Eiweiß führt unweigerlich zu vermehrter Harnsäurebildung in unserem Körper. Diese Harnsäurekristalle lagern sich im Gewebe und in den Gelenken ab, was dann zu Rheuma- oder Gichterkrankungen führen kann. Bei dem Säurebildner Kohlenhydrate, z.B. bei Brot, ist zusätzlich darauf zu achten, daß es sich um Vollkornbrot handelt. Ißt man an Stelle von Vollkorn Auszugsmehlbrot, so benötigt man die fünf- bis zehnfache Menge, um das gleiche Sättigungsgefühl zu erreichen. Lediglich körperlich schwer Arbeitende und Hochleistungssportler benötigen mehr Kohlenhydrate.

3. Grund: Die verzögerte Verdauung.

Die normale Verdauungszeit bei der Trennkost beträgt 24 Stunden. Bei der Mischkost kann sie bis zu 72 Stunden betragen. Wenn alle den Darm anregenden Stoffe wie rohes Gemüse, Salat, Obst und Vollkornprodukte fehlen, braucht sich der Darm nicht mehr zu bemühen, denn der zarte Speisebrei stört ihn nicht. Das Ergebnis: der Darm wird träge, und der Speisebrei liegt viel zu lange in den Darmnischen. Es kommt durch Feuchtigkeit und Wärme zur Gärung, die wiederum Blähungen verursacht.

4. Grund: Die falsche Zusammensetzung der Nahrungsmittel.

Die allgemein übliche Ernährung widerspricht durch ihre Mischung von Eiweiß und Kohlenhydraten innerhalb einer Mahlzeit der Chemie des Körpers.
Eiweiß und saure Früchte verlangen zur Verdauung Säuren, Kohlenhydrate verlangen Basen.
Eiweiß und Kohlenhydrate sollen deshalb innerhalb einer Mahlzeit nicht zusammen verzehrt werden. Wenn diese Trennung nicht berücksichtigt wird, sind saures Aufstoßen und Völlegefühl nach den Mahlzeiten die Folge.

Warum eigentlich Trennkost?

Zum besseren Verständnis schauen wir uns erst einmal die Verdauung der Kohlenhydrate und Eiweiße an.
Die erste Station der **Kohlenhydratverdauung** beginnt bereits im Mund. Schon beim Anblick und Geruch von Speisen, aber erst recht durch das Kauen, wird von den Speicheldrüsen des Mundes Speichel abgesondert. Uns »läuft das Wasser im Mund zusammen«. Durch das im Speichel enthaltene Enzym Ptyalin beginnt bereits im Mund die Vorverdauung der Kohlenhydrate. Das Enzym Ptyalin ist nur in einem basischen bis neutralen Milieu wirksam. Im Magen stehen keine Enzyme zur Kohlenhydratverdauung zur Verfügung. Erst im Dünndarm kann die weitere Verdauung der Kohlenhydrate durch die Amylasen der Bauchspeicheldrüse und der Darmwand erfolgen.
Die Eiweißverdauung beginnt erst im sauren Magenmilieu. Hier wird das Eiweiß durch die Salzsäure des Magens denaturiert, d.h. die Eiweißstruktur wird so gelockert, daß das Enzym Pepsin die weitere Eiweißverdauung vornehmen kann. Im Dünndarm wird das Eiweiß von dem Enzym Proteasen aus der Bauchspeicheldrüse und den Darmwandzellen weiter verdaut.
Kritiker der Hayschen Trennkost sagen, es sei nicht erforderlich, Eiweiß und Kohlenhydrate getrennt zu verzehren. Der menschliche Organismus sei in der Lage, beide Nährstoffe gleichzeitig zu verdauen, zumal von der Bauchspeicheldrüse und den Darmwandzellen die Enzyme Amylasen und Proteasen gleichzeitig abgesondert werden. Dies ist nach dem derzeitigen Stand der Wissenschaft auch korrekt. Aber kennen wir wirklich alle Geheimnisse der Biologie? Sicher gibt es Menschen, für die eine normale

Mischkost verträglich und bekömmlich ist. Jedoch haben immer mehr Menschen Schwierigkeiten mit der üblichen Mischkost. Sie leiden unter stoffwechselbedingten Unpäßlichkeiten, die sich in Müdigkeit, Antriebsschwäche, Lustlosigkeit, Kopf- und Gliederschmerzen, Sodbrennen, Völlegefühl, Blähbauch und Stuhlverstopfung äußern. Oft manifestieren sich solche gesundheitlichen Dissonanzen über Jahre hinweg, und es kommt zu ständiger Gewichtszunahme, Rheuma, Magen- und Darmerkrankungen.

Durch meine persönliche Erfahrung kann ich die Theorie von Dr. Hay voll unterstützen. Nach seiner Meinung benötigen wir zur Verdauung der Kohlenhydrate ein basisches bis neutrales Milieu, während zur Verdauung von sauren Früchten und Eiweiß ein saures Milieu erforderlich ist. Essen wir Kohlenhydrate und Eiweiß zusammen, so kommt es bereits im Mund zur verzögerten Vorverdauung der Kohlenhydrate. Im Magen verzögert sich dann die Eiweißvorverdauung. Wir leiden an Völlegefühl, was wiederum zu Müdigkeit und Abgeschlagenheit nach dem Essen führt. Diese Symptome verschwinden sofort, wenn die konzentrierten Kohlenhydrate innerhalb einer Mahlzeit von den konzentrierten Eiweißen getrennt werden.

Nun zur Verdauung im Dünndarmbereich. Nach dem heutigen Stand der Wissenschaft sondern die Bauchspeicheldrüse und die Darmwandzellen gleichzeitig Enzyme sowohl zur Kohlenhydrat- als auch zur Eiweißverdauung ab. Kommt jetzt der schlecht vorverdaute Speisebrei in den Dünndarm, haben es diese Enzyme enorm schwer, die weitere Verdauung vorzunehmen, d.h. sie behindern sich gegenseitig. Es kommt zur verzögerten Verdauung und damit zur verlängerten Passagezeit im Darm. Durch Feuchtigkeit und Wärme kommt es zur massenhaften Vermehrung unerwünschter Bakterien im Darm, diese greifen unsere Darmflora an. Das Ergebnis: wir erkranken. Da unsere Widerstandsfähigkeit in erster Linie von einem gesunden Darmmilieu abhängig ist, ist es wichtig, die konzentrierten Kohlenhydrate innerhalb einer Mahlzeit von den konzentrierten Eiweißen zu trennen.

Der Säure-Basen-Haushalt

Unsere Körperzellen leben von der Zusammensetzung der Körperflüssigkeit, die sie umgibt. Ohne diese Flüssigkeit können unsere Zellen nicht leben. Ob wir uns fit fühlen oder nicht, hängt von einem ausgeglichenen Säure-Basen-Haushalt dieser Körperflüssigkeit ab. Ein ausgeglichener Säure-Basen-Haushalt ist aber abhängig von dem, was wir essen und trinken. Die meisten von uns essen zu schnell, quantitativ zu viel, qualitativ zu minderwertig, zu spät abends, zuviel Eiweiß und Kohlenhydrate und diese dann auch noch gemischt. Bei den Getänken sieht es nicht besser aus. Wir trinken meist zu wenig, und wenn wir trinken, oft das falsche, wie erhitzte und zuckerhaltige Säfte, zuckerhaltige oder mit Zuckeraustauschstoffen versetzte Limonaden, Bohnenkaffee, schwarzen Tee und Alkohol.

Begutachten wir doch einmal unsere Eßgewohnheiten: Den ersten Fehler begehen wir schon, indem wir zu schnell essen, was zur Folge hat, daß wir bis zum Erreichen des Sättigungsgefühls bereits viel zuviel gegessen haben, obendrein meist auch noch ernährungsphysiologisch Minderwertiges.

Der zweite Fehler besteht darin, daß wir zu spät essen. Das hat zur Folge, daß wenn wir uns zur Nachtruhe begeben, unser Stoffwechselsystem noch verdauen muß, obwohl unser Organismus bereits auf Ruhe eingestellt ist. Dadurch kommt es zur verzögerten Verdauung der Speisen und zu einem unruhigen Schlaf. Wir essen zuviel Eiweiß und Kohlenhydrate und diese meist noch gemischt. Diese falsche Ernährungsweise führt dazu, daß unsere Nahrung schlecht verdaut wird. Schlecht verdaute Nahrung bleibt

zu lange im Darm liegen, es kommt durch Feuchtigkeit und Wärme zur Gärung. Die bei der Gärung frei werdenden Säuren werden über die Darmzotten an das Blut und damit an die Körperflüssigkeit abgegeben. An dieser Übersäuerung nimmt auch das Gehirn teil, und es kommt zu Müdigkeit. Erschöpfung, Kopfschmerzen, Nervosität, Schlafstörungen und Konzentrationsschwäche. Der übersäuerte Körper versucht, einen Ausgleich des Säure-Basen-Haushaltes herzustellen. Um dies zu erreichen, müssen Basenreserven aus dem Gewebe und aus den Zellen entnommen werden, vor allem Mineralien, z. B. Calcium. Durch den Calciumverlust kommt es zur Knochenentkalkung, die wiederum zu Knochenbrüchigkeit (Osteoporose) führen kann.
Um einen ausgeglichenen Säure-Basen-Haushalt zu erreichen, ist es erforderlich, ausreichend zu trinken, damit die Nieren wie auch die Haut ihre säureregulierende Funktion ausüben können. Wir sollten über den Tag verteilt 2–3 l Flüssigkeit trinken, wozu sich am besten Mineralwasser, Kräuter- und Früchtetee eignen.
Unsere tägliche Ernährung sollte folgendermaßen aussehen:
70 % Basenbildner und **30 % Säurebildner.**

Was sind Säurebildner?

Fleisch, Fisch, Geflügel, Wild, Wurst, Eiweiß, Käse, getrocknete Hülsenfrüchte, Linsen, Bohnen, Erbsen, Erdnüsse, isolierter Zukker, alle Süßigkeiten aus isoliertem Zucker, Getreide, Mehl, alle Öle, die raffiniert und nicht aus der ersten mechanischen Pressung stammen und alle gehärteten Fette, Bohnenkaffee, schwarzer Tee, Alkohol sowie alle Konserven.

Was sind Basenbildner?

Obst, Gemüse und Salat, Kartoffeln, Zwiebeln, Knoblauch, alle Kräuter.

Trennkost-Nahrungsmittelliste

nach Dr. Hay

Zur Eiweißgruppe zählende Nahrungsmittel

Eier, Fisch, Fleisch
gekochte Wurstsorten wie Bratwurst, Wiener Würstchen, Rindswurst, Fleischwurst, Corned Beef
gekochter Schinken
Milch, Käse bis 55% Fett i. Tr.
Sojaprodukte
gekochte Tomaten, gekochter Spinat
Obst, außer Bananen, Datteln und Feigen
Obst- und Kräuteressig
Sekt, Wein

Zur Kohlenhydratgruppe zählende Nahrungsmittel

Vollkorngetreide, Vollkornmehl, Vollkornbrot
Vollkornnudeln ohne Ei
Naturreis
Bananen, Datteln und Feigen
Kartoffeln, Topinambur, Schwarzwurzeln, Grünkohl
Trockenobst
Honig, Apfel- und Birnendicksaft
Sesam, Sonnenblumenkerne
Carob
Bier

Neutrale Nahrungsmittel

unraffinierte Öle aus der 1. Pressung, ungehärtete Fette, Butter, fetter Speck

Sahne süß und sauer

alle gesäuerten Milchprodukte wie Kefir, Buttermilch, Joghurt, Dickmilch

alle Weißkäsesorten wie Quark, Schafkäse, Mozzarella, Hüttenkäse, Doppelrahmfrischkäse, Handkäse

alle Käsesorten ab 60% Fett i. T.

alle rohen, geräucherten und luftgetrockneten Wurstsorten wie Rinder- oder Putensalami, roher Schinken, Tatar, Bündnerfleisch, Blutwurst (jedoch keine Blutzungenwurst), Wildschinken

roher und geräucherter Fisch wie Herings- und Matjesfilet, Räucherlachs, Räucherforelle, Räuchermakrele

alle Blattsalatarten und alle Gemüsearten außer Grünkohl, Schwarzwurzeln, gekochten Tomaten und gekochtem Spinat

Pilze

Heidelbeeren

alle Nüsse außer Erdnüssen

alle Kräuter

alle Keimlinge und Sprossen

Muskat, Curry, Paprikapulver, Kräutersalz, Vollmeersalz, Knoblauch

Brottrunk

Agar-Agar, Biobin

alle Kräuter- und Früchteteesorten

Korn- und Wacholderschnaps

Die neutralen Nahrungsmittel dürfen mit denen aus der Eiweiß- und der Kohlenhydratgruppe gleichzeitig verzehrt werden, aber niemals die Nahrungsmittel aus der Eiweiß- mit denen aus der Kohlenhydratgruppe!!!

Unerlaubte Nahrungsmittel

Auszugsmehlprodukte wie Brot, Kuchen, Nudeln, polierter Reis
isolierter Zucker und alle Zuckerprodukte, Marmelade, Gelees, Süßstoff, Kakao
getrocknete Hülsenfrüchte, Erdnüsse
rohes Eiweiß von Eiern
Rhabarber
Senf, Fertigmayonnaise
Fertigsuppen und -saucen
Essigessenz
alle Mager- und Leichtprodukte

Empfehlungen zur Trennkost und ihre Begründung

- **Trennen der konzentrierten Kohlenhydrate von den konzentrierten Eiweißen innerhalb einer Mahlzeit:**

Durch den getrennten Verzehr von konzentrierten Kohlenhydraten und konzentriertem Eiweiß wird eine bessere Verdauung der Nährstoffe erreicht. Unsere Verdauungsorgane werden weniger belastet, wir fühlen uns fit und damit leistungsfähig; Übergewicht wird abgebaut.

- **Essenspausen von 3–4 Stunden einhalten:**

Schauen wir uns einmal die Fußgängerzonen in den Städten an – überall werden uns verlockend »zurechtgemachte« Speisen angeboten. In den Medien sorgt die Werbung dafür, daß wir ständig zum Trinken und Essen animiert werden. So ist es verständlich, daß sich immer mehr Menschen zu Daueressern entwickeln und nicht mehr in der Lage sind, Ordnung in ihr Eßverhalten zu bringen. Um sich rundherum wohl zu fühlen, benötigen wir innerhalb und nach unserer Arbeit Ruhepausen. Ebenso funktioniert unser Stoffwechselsystem nur dann optimal, wenn wir ihm Ruhe gönnen. Aus diesem Grund ist es erforderlich, Essenspausen von 3–4 Stunden einzuhalten, vor allem dann, wenn wir von einer konzentriert eiweißhaltigen auf eine konzentrierte Kohlenhydratmahlzeit wechseln.

- **Insgesamt mäßig essen:**

Mäßig essen ist ein relativ dehnbarer Begriff. Wir haben sicherlich unterschiedliche Empfindungen, sobald es um mäßiges Essen geht. Wichtig ist dabei, vor jedem Essen eine Frischkost, sprich Salat, zu verzehren.

Portionsgrößen:

Salat	=	Suppentellergröße
Fleisch	=	100 g
Fisch	=	150 g
Kartoffeln	=	100 g
Nudeln	=	50 g
Reis	=	50 g
Getreide	=	50 g
Gemüse	=	250–350 g

Bei Einladungen oder im Restaurant ist es nicht möglich, die Nahrungsmittel zu wiegen. Da hilft der Salatteller vorweg in jedem Fall, ein gewisses Maß zu halten. Anschließend gibt es eine Portion Fleisch und Gemüse oder eine Portion Fisch und Gemüse oder eine Portion Nudeln und Gemüse bzw. Reis und Gemüse. Danach ist man normalerweise satt, und was sich dann noch regt, kann nur Appetit sein.

- **Sich Zeit nehmen. Jeden Bissen 20–30mal kauen:**

Nehmen Sie sich Zeit! Auch wenn Sie ständig sagen: »Ich habe keine Zeit«, halte ich dagegen: Sie werden ein Leben lang keine Zeit haben, wenn Sie sich nicht endlich einmal Zeit für Ihre Gesundheit nehmen. Es gibt immer etwas zu tun. Seien Sie sicher, Ihnen läuft die Arbeit nicht davon, und es wird auch kaum jemand kommen, der sie Ihnen abnimmt. Sicher ist, daß immer mehr Menschen gesundheitliche Probleme durch das Essen haben und somit viel Zeit für das Kranksein vergeuden müssen. Es wird höchste Zeit, daß wir diesem Bereich unseres Lebens die Aufmerksamkeit einräumen, die ihm zusteht, bevor es zu spät ist.

Essen Sie nicht im Stehen, sozusagen zwischen Tür und Angel. Decken Sie sich den Tisch und essen Sie entspannt. Bei Übergewichtigen handelt es sich erfahrungsgemäß meist um »Kaufaule«. Sie bevorzugen oft weiche Speisen, die nicht gekaut werden müssen. Weiche Speisen aber machen dick und träge!

Lernen Sie das Kauen wieder!

Kauen Sie jeden Bissen 20–30mal. Zählen Sie einmal probeweise mit: bei den ersten Versuchen werden Sie bei 12–15 Bissen wahrscheinlich nichts mehr im Mund haben. Nicht umsonst sagt ein altes Sprichtwort: »Gut gekaut ist halb verdaut«. Immer wenn wir nicht genügend kauen, können die Enzyme ihre Verdauungsarbeit nur unvollständig leisten. Es kommt zur verzögerten Verdauung. Vielleicht hilft Ihnen diese Erkenntnis: je länger Sie kauen, um so länger hält Ihr Sättigungsgefühl an.

- **Vollwertig essen:**

Das bedeutet: Verzehr von Vollkornprodukten wie Vollkornbrot, Vollkornnudeln ohne Ei, Naturreis, Obst, Gemüse und Salat, die Hälfte in roher Form, naturbelassene Fette wie unraffinierte Öle, ungehärtete Fette, Milchprodukte wie Käse und vor allem die angesäuerten Milchprodukte wie Joghurt, Kefir, Butter-, Dickmilch und Quark.
Verzichten sollten Sie auf Produkte, die mit Auszugsmehl und isoliertem Zucker hergestellt wurden, auf raffinierte Öle und gehärtete Fette, geröstete und gesalzene Nüsse, auf alle Konserven, H- und Kondensmilch, sowie auf Mager- und Leichtprodukte.

- **2–3 l Flüssigkeit am Tag zu sich nehmen:**

Am besten in Form von Mineralwasser, Kräuter- oder Früchtetee ohne Zusatz von schwarzem Tee. Die Ausscheidungsphase ist von ca. 5 Uhr morgens bis gegen Mittag. Damit jene Schlackenstoffe, die sich über Nacht angesammelt haben, unseren Körper schnellstens wieder verlassen, ist es sinnvoll, morgens nach dem Aufstehen zuerst einmal eine größere Menge Flüssigkeit zu trinken. Damit Sie sich körperlich, seelisch und geistig fit fühlen, es ist ungeheuer wichtig, genügend zu trinken.

- **Bohnenkaffee und Schwarzteegenuß drastisch einschränken:**

Da es sich bei Bohnenkaffee und schwarzem Tee um reine Säurebildner handelt, ist es ratsam, ganz darauf zu verzichten. Fällt Ihnen das zu schwer, sollten Sie in jedem Fall den Genuß drastisch einschränken.

- **Nicht zum Essen trinken:**

Zwanzig Minuten vor und nach dem Essen sollten Sie möglichst nichts trinken. Es stört die Verdauungssäfte, wenn Sie zum Essen trinken. Am deutlichsten wird dies am Beispiel der Magensäure oder auch Salzsäure (der Magensaft besteht zu 0,3–0,5% aus Salzsäure, die mit der Nahrung aufgenommene Bakterien vernichtet und das Enzym Pepsin aktiviert). Die Salzsäure hat die Aufgabe, Eiweiß zu denaturieren, also zu zerlegen, damit anschließend das Enzym Pepsin die Vorverdauung durchführen kann. Trinken wir nun unmittelbar vor oder zum Essen, wird die Salzsäure verdünnt. Der Denaturierungsprozeß vollzieht sich nur sehr langsam, und somit kann das Enzym Pepsin die Vorverdauung des Eiweißes nur unvollständig erfüllen. Es kommt zu einer verzögerten Verdauung.

- **Vor jedem Mittag- und Abendessen eine Frischkost zu sich nehmen:**

Ihre Ernährung sollte täglich zu 70% aus Basenbildnern bestehen, das heißt aus Obst, Gemüse und Salat, wovon die Hälfte in roher Form verzehrt werden soll. Ohne diese Frischkost vor dem Mittag- und Abendessen kämen sie niemals auf die 70% Basenbildner. Frischkost, also Salat vor den Mahlzeiten, regt durch Geruchs-

und Geschmacksreize die Produktion und die Abgabe von Verdauungssäften an. Sie bereitet unseren Stoffwechsel auf seine Verdauungsarbeit vor. Durch den vorherigen Verzehr der Frischkost tritt das Sättigungsgefühl früher ein, was einer Überernährung vorbeugt.

- **Keine Mahlzeit ausfallen lassen:**

Damit sind die drei Hauptmahlzeiten gemeint. Übergewicht beginnt mit Hungern und sonst gar nichts. Menschen mit Übergewicht essen oft nicht mehr als Schlanke, nur essen sie überwiegend zur falschen Zeit, in der falschen Zusammensetzung und dazu noch die falschen Nahrungsmittel. Den ersten Fehler begehen viele schon am frühen Morgen, indem sie, da man ja Gewichtsprobleme hat, nicht frühstücken. Beim Mittagessen halten sie sich auch noch zurück, was am Nachmittag, spätestens jedoch am Abend unweigerlich zu starkem Hunger führt. Dann ist nichts mehr vor ihnen sicher. Unkontrolliert stopfen sie alles in sich hinein, was in Küche und Kühlschrank zu finden ist. Von einer geordneten Mahlzeit kann nicht mehr die Rede sein.
Was ist geschehen? Handelt es sich um Menschen ohne Willensstärke? Nein, ganz und gar nicht. Diesen Menschen sind nur die Stoffwechselvorgänge in unserem Körper nicht bewußt. Frühstück, Mittagessen und Abendbrot sind ein absolutes Muß. Wenn Ihnen die empfohlenen Portionen im Rezeptteil zu groß erscheinen, dürfen Sie diese gerne reduzieren. Am günstigsten erscheint mir diese Reduzierung am Abend. Essen Sie anstelle von zwei Scheiben Brot nur eine Scheibe Vollkornbrot mit Belag.

- **Als Zwischenmahlzeit ist frisches rohes Gemüse erlaubt:**

Gerade am Anfang der Ernährungsumstellung kann es sein, daß Sie durch Ihr bisheriges Eßverhalten öfter zwischen den drei Hauptmahlzeiten ein Hungergefühl verspüren. Sie dürfen dann jederzeit frisches rohes Gemüse essen. Achten Sie darauf, auch hier eine Essenspause von mindestens 2 Stunden einzuhalten.

Ernährung unter der Lupe

Brot und Mehl

»Unser tägliches Brot gib uns heute, o Herr.« Dieser Satz aus einem Gebet zeigt, welche Bedeutung Brot für uns Menschen hat. Betreten wir eine Bäckerei und betrachten die Vielfalt der angebotenen Brote, Brötchen und Backwaren, könnte man ins Schwärmen kommen, wäre da nicht die ernüchternde Tatsache, daß es sich meist um minderwertige Backwaren im Sinne der Vollwerternährung handelt. Früher wurden alle Getreidearten in kleinen, nahegelegenen Mühlen als ganzes Korn verarbeitet. Mit dem Beginn der Industrialisierung und dem Wachsen der Städte kam es zu Versorgungsschwierigkeiten, weshalb man das Getreide nicht mehr in kleinen Mühlen, sondern in zentralen Großmühlen verarbeitete. Durch den fetthaltigen Keim des Getreides wird das Mehl schnell ranzig und ist damit nicht lange lagerungsfähig. So war es naheliegend, daß man den Keim und auch gleich die Randschichten, die man für überflüssigen Ballast hielt, entfernte. Konserven sind lange haltbar – so auch die Mehlkonserve! Heute wissen wir, wie wichtig für unsere Gesundheit das *ganze* Getreidekorn ist.

Das Getreidekorn besteht aus den inneren und äußeren Randschichten, dem Keim und dem Mehlkörper.

Der Mehlkörper enthält Stärke und Klebereiweiß, das wir zum Backen benötigen, denn ohne das Klebereiweiß und die Stärke gelingt kein Kuchen, kein Brot.

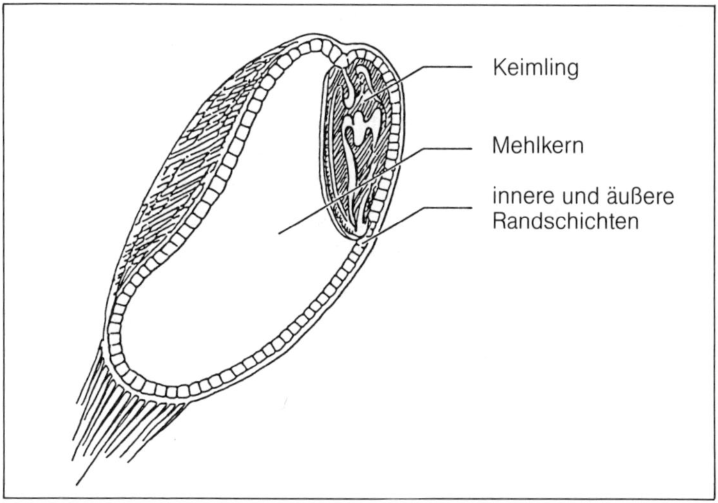

Der Keim ist reich an Vitaminen, Mineralstoffen, Enzymen, Fett, und vor allem an der essentiellen Linolsäure.

Die Randschichten enthalten Vitamine, Mineralstoffe, Enzyme, ganz wenig Fett, aber vor allem Ballaststoffe.

Durch das Abtrennen des Keimes und der Randschichten vom Getreidekorn gehen essentielle Inhaltsstoffe verloren, vor allem Vitamine des B-Komplexes, Mineralien und die mehrfach ungesättigte Linolsäure. Essentielle Inhaltsstoffe sind aber lebensnotwendig. Das heißt, um richtig ernährt zu sein, müssen wir diese Stoffe täglich mit der Nahrung zuführen.

Wenn wir auf essentielle Inhaltsstoffe in unserer Ernährung, z.B. auf die mehrfach ungesättigte Linolsäure, die Vitamine und Mineralstoffe verzichten, sind wir trotz Überernährung mangelversorgt. Das führt dazu, daß wir, obwohl wir mengenmäßig genug oder sogar zuviel essen, uns nicht wohl fühlen, müde und abgeschlafft sind. Sie sehen, wie notwendig es ist, Vollkornprodukte zu verzehren, d.h. Vollkornbrot, -brötchen, -kuchen, -nudeln und

Naturreis. Nun werden Sie sich fragen: »Wie erkenne ich aber, ob es sich um Vollkornbrot handelt?« Dieser Punkt hat mich am Anfang meiner Ernährungsumstellung auch fast verzweifeln lassen. In vielen Bäckereien wird Ihnen manches als Vollkornbrot angeboten. Bei der Bitte um Roggenvollkornbrot erlebe ich es immer wieder, daß Auszugsmehlbrot als Vollkornbrot verkauft wird. Sollten Sie Bedenken haben, ob es sich um Vollkornbrot handelt, hilft die Frage nach einer eigenen Mühle in der Backstube. Wird dies verneint, handelt es sich mit Sicherheit um Auszugsmehlbrot. Aber auch wenn eine eigene Mühle vorhanden ist, gibt es unter Umständen ein Problem. Denn der Gesetzgeber schreibt vor, daß

ein Brot mit	70 % Vollkornanteil
und Brötchen mit nur	30 % Vollkornanteil

als Vollkornbrot bzw. Vollkornbrötchen verkauft werden dürfen. Da spielt es kaum eine Rolle, daß die Körner auf dem Brot, bzw. auf den Brötchen zu diesen 70 oder 30 % zählen. Es wird Zeit, daß der Gesetzgeber dieses Gesetz zum gesundheitlichen Wohle seiner Bürger ändert, und zwar so, daß nur **100-%-Vollkornprodukte** als solche vertrieben werden dürfen. Solange diese Gesetzesänderung nicht erfolgt, haben Sie als Verbraucher nur die Möglichkeit, minderwertiges Brot nicht zu kaufen. Erfreulicherweise gibt es aber immer mehr »richtige« Vollkornbäcker, von denen Sie Ihre Backwaren beziehen können.

Mehl

Wie sieht es beim Mehl aus? Bei Mehl mit einer Typenbezeichnung handelt es sich immer um Auszugsmehl oder teilweise ausgemahlenes Mehl. Eine hohe Typenbezeichnung ist nur der Hinweis dafür, daß mehr Inhaltsstoffe vorhanden sind als beim reinen weißen Mehl, z.B. Type 405. Um Vollkornmehl zu erhalten, muß immer das gesamte Korn ausgemahlen werden. Da Getreide lange lagerungsfähig ist, ohne daß Inhaltsstoffe verloren gehen, ist es am besten, wenn Sie über eine eigene Getreidemühle verfügen. Erschrecken Sie nicht: in vielen Haushalten gibt es eine Küchenmaschine, und zu fast allen Küchenmaschinen sind Getreidemühlaufsätze erhältlich, die einfach zu handhaben sind. Sollten Sie diese Anschaffung jedoch scheuen, so können Sie sich Ihr Mehl im Naturkostladen mahlen lassen, aber immer nur so viel, wie Sie im Laufe einer Woche verbrauchen werden. Das frisch gemahlene Mehl ist im Kühlschrank bedenkenlos eine Woche haltbar. Sicher gehen einige Inhaltsstoffe durch das Lagern des frisch gemahlenen Mehles verloren, jedoch ist es immer noch wertvoller als total oder teilweise ausgemahlenes Mehl.

Süßungsmittel

Zucker

Wir unterscheiden zwei Arten von Zucker. Einmal den isolierten Zucker oder auch Fabrikzucker und den in naturbelassenen Nahrungsmitteln vorkommenden Zucker, z.B. in Früchten.
Sehen wir uns erst einmal den in naturbelassenen Nahrungsmitteln vorkommenden Zucker an, bei dem es sich um ein natürliches Produkt handelt, z.B. den Fruchtzucker im Obst. Er wird von unserem Organismus problemlos verstoffwechselt, d.h. verarbeitet, und es kommt nicht zu gesundheitlichen Schäden. Ganz anders sieht dies beim isolierten Zucker aus. Beim isolierten Zukker handelt es sich, ähnlich wie beim Auszugsmehl, um isolierte Kohlenhydrate ohne lebensnotwendige Inhaltsstoffe. Damit der isolierte Zucker verstoffwechselt werden kann, sind Vitamine des B-Komplexes erforderlich. Beim Verzehr von Auszugsmehlen haben wir ohnehin einen Mangel an Vitamin B, nun benötigen wir aber zur Verstoffwechslung des Zuckers noch zusätzlich Vitamin B. Die Mehrheit unserer Bevölkerung ernährt sich jahrzehntelang überwiegend von diesen leeren Kalorienträgern. Dies führt zu

einem Vitamin-B-Mangel. Die Folge sind Nervenschmerzen, wie Neuralgien, Rücken- und Gelenkschmerzen. Wenn Sie den Arzt wegen dieser Beschwerden aufsuchen, erhalten Sie meist Vitamin-B-Spritzen, später dann Vitamin-B-Präparate in Tablettenform. Dabei wäre vielen Menschen leicht auf natürliche Weise zu helfen.

Verzichten Sie deshalb auf isolierten Zucker und Auszugsmehl und damit auf alle denaturierten Nahrungsmittel! Isolierter Zucker ist überdies ein hochgradiger Säurebildner. Bei Tierversuchen hat man festgestellt, daß die Tiere nach der Fütterung von überwiegend isolierten Kohlenhydraten schwer erkrankten und elend an Mangelerscheinungen zugrunde gingen. Brauner Zucker ist übrigens nicht wertvoller als weißer Zucker. Beim braunen Zucker handelt es sich ebenfalls um isolierte Kohlenhydrate, ihm fehlt lediglich ein einziger chemischer Reinigungsprozeß. Brauner Zucker richtet in unserem Körper die gleichen gesundheitlichen Schäden an wie weißer Zucker.

Begleiten wir einmal den Säurebildner Zucker auf seinem Wege durch unser Verdauungssystem.

Durch den Speichel und durch winzige Speisereste kommt es im Mund zum Zahnbelag. Beim Genuß von isoliertem Zucker wird dieser nun durch die Bakterien des Zahnbelags in Säure umgewandelt. Diese Säure ist sehr aggressiv und greift den Zahnschmelz an. Sie entzieht ihm Mineralstoffe, der Zahnschmelz wird brüchig und weich, so daß die Säure in den Zahn eindringen kann. Karies und Parodontose sind typische Erkrankungen der Industriegesellschaft, deren Zuckerverbrauch ständig steigt. Im Magen kommt es durch zuckerhaltige Speisen zur Reizung der Magenschleimhaut. Magenschleimhautentzündungen und Sodbrennen sind typische Zeichen einer Übersäuerung des Magens. Durch die Übersäuerung der Magenschleimhaut wird zudem ein Hungergefühl ausgelöst, das uns wiederum dazu veranlaßt, zu viel zu essen.

Auch im Darm gärt der zuckerhaltige Speisebrei, so daß es zur verlängerten Passagezeit und damit zur Stuhlverstopfung kommt.

Bakterien können sich dadurch im Darm massenhaft vermehren und die Darmschleimhaut angreifen. Dies führt zu Blähungen, Darmschleimhautentzündungen und übelriechenden, vergorenen Stühlen, welche ein deutlicher Hinweis darauf sind, daß es durch Ernährungsfehler zur Übersäuerung im Organismus gekommen ist. Derartige Stühle deuten immer auf eine Schädigung Ihrer Gesundheit hin.

Noch ein Wort zur Unverträglichkeit verschiedener Nahrungsmittel durch isolierten Zucker. Gehören auch Sie zu den Menschen, die frisches Obst, Gemüse und Salat sowie Vollkornprodukte (Vollkornbrot) nicht vertragen?

Verzichten Sie ganz einfach auf Speisen, die mit isoliertem Zucker gesüßt sind. Wenn Sie zuckerfrei leben, werden Sie nach 3–4 Wochen alle zuvor unverträglichen Nahrungsmittel ohne Schwierigkeiten wieder verdauen können.

Zuckersucht durch isolierten Zucker

Immer mehr Menschen leiden unter einer »Zuckersucht«. Der isolierte Zucker wird vom Darm zu schnell verarbeitet. Dadurch kommt es im Blut zu einem raschen Ansteigen des Blutzuckerspiegels, die Bauchspeicheldrüse muß sofort Insulin an das Blut abgeben, um den Blutzuckerspiegel wieder zu senken. Diese Alarmreaktion führt dazu, daß der Blutzuckerspiegel unter den Normalwert abfällt. Jetzt fühlt man sich müde und schlapp, denn die Zellen, Muskeln, Organe und das Gehirn sind nicht mehr ausreichend mit Energie versorgt. Wir sprechen dann von einer Unterzuckerung. Das Gehirn meldet daraufhin meist »Hunger«. Wir reagieren mit der Zufuhr einer nächsten »Zuckerbombe« und fühlen uns für kurze Zeit wieder wohl. So kann es passieren, daß wir z.B. 1–2 Tafeln Schokolade auf einmal essen und unser Verlangen nach Süßem nur kurzfristig gestillt ist. Wir sind regelrecht zuckersüchtig!

Es ist wie beim Roulett, »ein neues Spiel beginnt«, bis es heißt: »Nichts geht mehr«.

Diese Dauerbelastung hält die Bauchspeicheldrüse oft nicht aus, und wir leiden an einer Zuckerkrankheit – dem Altersdiabetes. Allerdings beginnt diese Erkrankung derzeit nicht nur im Alter, sondern immer mehr jüngere Menschen erkranken daran. Hier hilft nur eines: der totale Verzicht auf Zucker!

Süßstoff

Viele glauben, es sei die optimale Lösung, den isolierten Zucker durch Süßstoff zu ersetzen. Leider nein! Die meisten von uns haben eine viel zu hohe Süßschwelle, die wir aber sicherlich nicht dadurch reduzieren, daß wir Zucker durch Süßstoff ersetzen. Die Werbung verspricht, daß durch die Kalorieneinsparung beim Verbrauch von Süßstoff unser Gewicht verringert wird. Dies scheint jedoch nicht zu gelingen. Denn wie ist es sonst zu erklären, daß trotz des seit Jahrzehnten steigenden Verbrauchs von Süßstoff immer mehr Menschen Gewichtsprobleme haben? Süßstoff wird synthetisch hergestellt, und es ist nur wenigen bekannt, wie er von unserem Organismus verstoffwechselt wird. Eine Beobachtung beim Fasten macht nachdenklich: Fastende, die regelmäßig größere Mengen Süßstoff verwenden, nehmen am 2.–3. Tag des Fastens, also in der Entgiftungsphase, einen merkwürdigen Geschmack im Mund wahr. Dieser als unangenehm süß bezeichnete Geschmack wird damit beschrieben »als habe man eine Süßstofftablette auf der Zunge«. Dieser Umstand deutet darauf hin, daß der Süßstoff nicht vom Körper verstoffwechselt, sondern im Gewebe abgelagert wird.

Honig

Sie werden sich fragen, womit man denn nun ohne Schaden süßen kann? Von Apfel- und Birnendicksäften abgesehen, eigentlich nur mit Honig. Honig ist ein natürliches Produkt. Die Bienen liefern uns beste Honigqualität. Nur leider bringen wir Menschen es fertig, ein natürliches Produkt von höchster Qualität in ein minderwertiges zu verwandeln. Ein guter Honig darf nicht wärmebehandelt sein. Achten Sie beim Kauf darauf, daß die Bezeichnung »nicht wärmebehandelt« auf dem Etikett vermerkt ist. Dann können Sie davon ausgehen, daß Sie ein Naturprodukt erstanden haben.

Gemüse, Salat und Obst

Wie schon gesagt, sollten 70% unserer täglichen Ernährung aus Salat, Gemüse und Obst bestehen, wovon die Hälfte in roher Form zugeführt werden soll. Was ist nun bei diesen Nahrungsmitteln zu bedenken? Im Sommerhalbjahr steht uns jahreszeitlich bedingt ein großes Angebot an Gemüse, Salat und Obst zur Verfügung, wohingegen es im Winterhalbjahr schon wesentlich schlechter mit der Versorgung aussieht. Es ist verständlich, daß dann viele nach konserviertem Obst und Gemüse in Gläsern oder Dosen greifen. Davon möchte ich Ihnen aber dringend abraten. Beim Konservieren werden lebensnotwendige Inhaltsstoffe wie Vitamine und Mineralien durch Erhitzen völlig zerstört. Hinzu kommt, daß fast allen auf diese Art und Weise konservierten Nahrungsmitteln Zucker und Salz zugesetzt wird und nicht selten noch andere gesundheitsschädigende Konservierungsmittel. Aus ernährungsphysiologischer Sicht haben Sie Ihren Körper nur mit leerer, wertloser Füllmenge gespeist. So kann es geschehen, daß Sie trotz Überernährung mangelversorgt sind.
Um die im Sommer und Herbst anfallenden Früchte vor allem für das Winterhalbjahr zu konservieren, d.h. haltbar zu machen, stehen uns schonendere Verfahren zur Verfügung. Beim Gemüse bietet sich das Konservieren durch Milchsäuregärung an. So wird z.B. aus Weißkohl Sauerkraut, werden Bohnen zu sauren Bohnen. Bei diesem Verfahren benötigt man weder Zucker noch andere Konservierungsstoffe, und das Gemüse wird auch nicht erhitzt. Somit bleiben alle Vitamine und Mineralien erhalten.

Ein anderes Verfahren ist das Tiefgefrieren, was sich sowohl für Obst, als auch für Gemüse eignet. Hier kommt es nur zu ganz minimalen Verlusten an lebensnotwendigen Inhaltsstoffen. Beim Kauf von Tiefkühlkost sollten Sie darauf achten, nur naturell eingefrorenes Obst und Gemüse zu kaufen. Keine fertigen Gemüsepfannen oder Rahmgemüsearten. Dabei handelt es sich nämlich um stark be- und verarbeitete Nahrungsmittel, denen Zusatzstoffe beigefügt wurden, die nur dazu beitragen, unseren Organismus zu übersäuern. Die Zubereitung von tiefgefrorenem Gemüse ist zeitsparend und nicht besonders aufwendig.
Beim Konservieren von Obst steht uns außer dem Tiefgefrieren noch das Dörren oder Trocknen zur Verfügung.
Zu empfehlen ist Obst, Gemüse und Salat aus kontrolliert biologischem Anbau. Ich höre bereits die Kritik: »der saure Regen und die Umweltgifte machen vor diesen Feldern, bzw. Bäumen und Sträuchern nicht halt«. Das ist richtig. Wir müssen lernen, in der Umwelt zu leben, die uns zur Verfügung steht. Das bedeutet, die Schäden so weit wie möglich zu begrenzen. Der Unterschied zwischen dem konventionellen und dem kontrolliert biologischen Anbau besteht im wesentlichen darin, daß keine tierische Düngung auf die Felder ausgebracht und völlig auf Pestiziddüngung verzichtet wird. Tierische Düngung führt dazu, daß die geernteten Früchte auf diesen Feldern stark nitratbelastet sind und damit auch das Grundwasser ungünstig beeinflußt wird. Obst, Gemüse und Salat aus dem Treibhaus sind ebenfalls stark nitratbelastet. Nitrat wird von unserem Organismus zu Nitrit und in Nitrosamine umgewandelt, was in unserem Körper krebserregend wirken kann. Das ist der Grund dafür, warum Sie beim Einkauf von Obst, Gemüse und Salat darauf achten sollten, diese der Jahreszeit entsprechend einzukaufen. Sonnengereiftes Obst und Gemüse sowie Salat verfügen über alle Inhaltsstoffe, unter anderem auch über Aromastoffe, die den jeweiligen Eigengeschmack ausmachen. Nur derartig gereifte Früchte sind als vollwertig zu bezeichnen. Achten Sie darauf, nur frisches Gemüse, Obst und Salat ein-

zukaufen. Durch längeres Lagern gehen wertvolle Inhaltsstoffe verloren. Alle Gemüsesorten sollten vor dem Zerkleinern kurz und gründlich gewaschen werden. Auf keinen Fall im Wasser liegen lassen, weil dadurch vor allem die wasserlöslichen Vitamine verloren gehen.
Kartoffeln am besten mit einer Gemüsebürste unter fließendem Wasser gründlich säubern und dann mit der Schale in wenig Wasser garen. So bleiben die Vitamine und die Mineralien der guten Knolle erhalten. Kartoffeln sollten nur gegart verzehrt werden, da die Kartoffelstärke im rohen Zustand für uns schwer verdaulich ist und zu Unpäßlichkeiten führen kann. Auch Auberginen, Erbsen und Bohnen sollten nicht roh verzehrt werden, da sie natürliche Gifte enthalten, die durch das Kochen zerstört werden.
Alle anderen Gemüsearten dürfen Sie roh, als Salat oder gegart als Gemüse verwenden. Garen Sie immer mit wenig Wasser, damit die Inhaltsstoffe nicht verloren gehen und beachten Sie beim Garen, daß das Gemüse bißfest bleibt, also keinesfalls verkochen lassen!
Spinat sollte nicht noch einmal erwärmt werden, da beim zweiten Erhitzen sich das darin enthaltene Nitrat in Nitrit umwandelt und dies – wie zuvor schon beschrieben – gesundheitsschädigend wirken kann.
Grüne Stellen an Kartoffeln und den grünen Strunk bei Tomaten unbedingt entfernen. Es handelt sich um den Giftstoff Solanin, dessen Verzehr zu gesundheitlichen Problemen führen könnte.
Noch ein Wort zu Gemüse und Obst.
Obst, Gemüse und Salat sind Basenbildner, egal ob sie nun unter den neutralen Nahrungsmitteln oder ob sie unter der Eiweißgruppe oder der Kohlenhydratgruppe eingeordnet sind. Nach Dr. Hay benötigen die Obst und Gemüsearten, welche er unter Eiweiß einordnet, ein saures Milieu zur Verdauung. Hingegen benötigen Obst und Gemüse der Kohlenhydrat-Gruppe zur Verdauung ein basisches Milieu.
Keine der Obst- und Gemüsesorten hinterläßt nach der Verdau-

ung Säurerückstände in unserem Körper, sondern trägt im Gegenteil dazu bei, die basische Komponente zu stabilisieren.

Fette

Fett bei einer gesunden Ernährung? Ja, Fette sind erlaubt. Die Frage ist nur, wieviel und welche Fette gesundheitsfördernd sind. Wir dürfen täglich 80/90 g Fett pro Person verwenden. Zu diesen 80/90 g zählen allerdings auch die versteckten Fette, wie z.B. im Käse. Verwenden Sie nur hochwertige Fette!
Nehmen wir zuerst einmal die **Öle** unter die Lupe: Hochwertige Öle sind nur jene, die aus der Kaltpressung stammen, daß heißt, beim Pressen wurde keine Wärme von außen zugeführt. Bei diesem Verfahren entsteht durch den Preßdruck eine Temperatur von ca. 40 Grad. Diese Öle werden nur gefiltert und enthalten fast alle Inhaltsstoffe der reifen Ölfrüchte oder Ölsamen.
Ob Sie nun Sonnenblumen-, Distel-, Oliven- oder sonstiges Öl verwenden, ist reine Geschmackssache. Wichtig ist, darauf zu achten, daß es sich jeweils um **unraffiniertes** oder **kaltgepreßtes Öl** handelt. Mit der Beschriftung »unraffiniertes, kaltgepreßtes Öl« finden Sie dieses Produkt im Handel. Der Anteil an Vitamin E, der bei raffinierten Ölen nicht mehr vorhanden ist, macht diese Öle haltbar. Bewahren Sie Ihr Öl, vor allem in den warmen Monaten, aber im Kühlschrank auf. Da Öl einen niedrigen Siedepunkt hat, sollte es nur kalt verwendet werden, z.B. zu Salaten. Durch Erwärmung geht dem Öl außerdem die mehrfach ungesättigte Linolsäure verloren, so daß wir schließlich nur noch ein minderwertiges Öl haben.
Da **Kokosfett** einen Siedepunkt von ca. 200 Grad hat, eignet es sich hervorragend zum Braten und zum Einfetten von Backblechen bzw. -formen. Achten Sie beim Kauf auf die Bezeichnung »ungehärtetes Kokosfett«.
Als Streichfett empfehle ich Ihnen ebenso wie zum Kochen und

zum Kuchenbacken **Butter.** Butter ist das natürlichste tierische Fett, das uns zur Verfügung steht. Wenn Sie sich an die Menge von 80/90 g Fett pro Tag und Person halten und auf eine ballaststoffreiche Ernährung achten, brauchen Sie sich um ihren Cholesterinspiegel keine Sorgen zu machen (siehe Ballaststoffe, Seite 39).

Margarine

Wenn Sie schon glauben, keine Butter essen zu können, dann sollten Sie beim Kauf darauf achten, daß es sich um »ungehärtete« Margarine handelt. Diese Bezeichnung muß auf der Packung vermerkt sein.
Die normal üblichen Margarinesorten und Plattenfette werden aus flüssigen, gereinigten Ölen hergestellt. Bei der Härtung werden alle Vitamine vollständig zerstört.
Meiden Sie also extrahierte und raffinierte Öle, gehärtete Fette, Diät- und Leichtfette.

Milch- und Milchprodukte

Milch und Milchprodukte tragen zur Versorgung des Körpers mit Calcium, Vitamin B und Eiweiß bei. Für die meisten Säuglinge und Kleinkinder ist Milch verträglich, da sie noch ausreichend über das Enzym Lactase zur Aufspaltung des Milchzuckers, der Lactose, verfügen. Mit zunehmendem Alter läßt bei den meisten von uns die Produktion dieses Enzyms nach. Das ist auch der Grund, warum viele von uns Vollmilch und Vorzugsmilch schlecht vertragen. Es wäre ein Fehler, deshalb auf alle Milchprodukte zu verzichten. Es sei denn, es liegt eine medizinische Indikation (z.B. Allergie) vor. Alternativ zur Voll- und Vorzugsmilch stehen uns angesäuerte Milchprodukte wie Kefir, Buttermilch, Dickmilch, Joghurt, Quark u.a. zur Verfügung, in denen das Calcium, Eiweiß und die Vitamine genauso enthalten sind wie in der Milch. Diese angesäuerten Milchprodukte sind besser und leichter verträglich,

da hier durch die Milchsäuregärung der Milchzucker bereits abgebaut wurde. Verzichten sollten Sie auf entrahmte und teilentrahmte Milch und Milchprodukte, H-Milch, Dosenmilch sowie H-Sahne.
Auch der Verzehr von Fruchtjoghurt- bzw. Diätjoghurt ist nicht zu empfehlen. Beim normalen Fruchtjoghurt wurde mit Zucker konserviertes Obst verarbeitet. Beim Diätjoghurt wird meist Magermilchjoghurt mit konserviertem Obst und Zuckeraustauschstoffen verarbeitet. Wenn Sie Appetit auf einen Fruchtjoghurt haben, nehmen Sie einen Vollmilchjoghurt – ich empfehle ohnehin nur den Genuß von Vollmilchjoghurt – und schneiden frisches Obst hinein. Jetzt haben Sie einen köstlichen Fruchtjoghurt, der nicht zur Übersäuerung Ihres Körpers beiträgt.

Getränke

Wir sollen täglich 2–3 Liter Flüssigkeit trinken. Es stellt sich immer wieder die Frage, was wir trinken dürfen, ohne unserer Gesundheit zu schaden. Schauen wir uns die verschiedenen Getränke einmal näher an.

Bohnenkaffee und schwarzer Tee sind reine Säurebildner, und von daher sollte auf den Genuß dieser Getränke verzichtet werden.

Alkoholische Getränke sind zwar in der Trennkost nicht grundsätzlich gestrichen, sollten wegen ihrer gesundheitsschädigenden Wirkung jedoch nur gelegentlich und dann auch nur in kleinen Mengen, evtl. verdünnt, z.B. als Weinschorle, getrunken werden.

Fruchtsaftgetränke, Fruchtnektar, Limonaden sollten gemieden werden. Zum einen ist der Fruchtanteil in diesen Getränken sehr gering, dafür ist der Zuckeranteil um so höher.
Handelt es sich um sogenannte »Diätgetränke« wurde der Anteil an Zucker durch Süßstoff ausgetauscht.

Obst- und Gemüsesäfte sollten nicht pur, sondern mit Wasser verdünnt getrunken werden. Da grundsätzlich bei Säften die für unsere Gesundheit so wichtigen Ballaststoffe fehlen, sollten wir nur gelegentlich davon Gebrauch machen und zudem darauf achten, daß es sich um frische Säfte handelt.

Mineralwasser sollte möglichst natriumarm sein. Ob es sich dabei um kohlensäurereduziertes Wasser handelt oder nicht, ist letztlich eine reine Geschmacksfrage.

Kräuter- und Früchtetees ohne Schwarzteezusatz dürfen ungesüßt ebenso wie Mineralwasser in reichem Maße getrunken werden. Bei den Tees haben wir eine breite Palette zur Auswahl, von der wir ruhig Gebrauch machen sollten.
Getränke sollen den Durst löschen und mit dafür sorgen, daß unser Körper nicht übersäuert wird. Sie brauchen nicht den Nährstoffbedarf zu decken – dafür ist das Essen vorgesehen!

Die Bedeutung der Ballaststoffe

Ob wir uns fit, das heißt gesund und leistungsfähig fühlen, hängt im wesentlichen mit einer ballaststoffreichen Ernährung zusammen. Überwiegend ballaststoffreiche Nahrungsmittel sind Obst, Gemüse und Getreide. Sie haben überdies einen hohen Gehalt an essentiellen Inhaltsstoffen, nämlich Vitaminen, Mineralien, Aminosäuren und der mehrfach ungesättigten Linolsäure.

Vorteile einer ballaststoffreichen Ernährung:

Ballaststoffreiche Kost muß länger und intensiver gekaut werden, wodurch eine gründliche Massage des Zahnfleisches erfolgt, die dem Zahnfleischbluten entgegenwirkt und damit zum Zahnerhalt beiträgt. Das intensive Kauen bereitet unsere Speisen besser für die Verdauung vor.
Magenschleimhautentzündungen und -geschwüre werden durch

überschüssige Magensäure begünstigt. Ballaststoffreiche Nahrung bindet überschüssige Säure, was sich außerdem auch dämpfend auf unser Hungergefühl auswirkt. Ballaststoffreiche Nahrung hat wenig Energie, d.h. wenig Kalorien bei einem gleichzeitig hohen Gehalt von Vitaminen und Mineralien. Durch das große Quellvermögen wird das Volumen auf das 3–5fache vergrößert. Dadurch kommt es zu größeren und weicheren Stühlen. Es wird eine vermehrte Reizung auf die Darmwände ausgelöst, was die Darmfunktion aktiviert und sicherlich bei vielen reaktiviert. Das führt dann zur verkürzten Passagezeit des Speisebreis im Darm. Durch Stuhlverstopfung kommt es zu Blähungen, Kopfschmerzen, Müdigkeit, Unlust, Antriebsschwäche. Es müssen Abführmittel genommen werden. Diese sind jedoch keine Ursachenbeseitigung, sondern nur eine Symptombehandlung. Sie cremen ja auch nicht den Schuhschrank ein, wenn Sie Ihre Schuhe putzen wollen! Durch Abführmittel wird der Darm immer träger, außerdem kommt es durch diese Mittel zu einem erhöhten Mineralienverlust und zur Zerstörung der gesunden Darmflora, die jedoch wesentlich an unserer Gesundheit beteiligt ist. Vielen Darmerkrankungen wie beispielsweise Blinddarmentzündungen oder Hämorrhoidalbeschwerden kann man durch eine ballaststoffreiche Ernährung vorbeugen. Eine ballaststoffreiche Kost hilft, große Schwankungen des Blutzuckerspiegels zu vermeiden, weil der Abbau der Stärke in Zucker langsamer erfolgt als bei einer ballaststoffarmen Ernährung. Das hat zur Folge, daß Heißhungeranfälle praktisch gar nicht mehr auftreten. Auch Schadstoffe, die wir mit der Nahrung aufgenommen haben, werden bei dieser Ernährungsform vermehrt ausgeschieden.

Nicht zuletzt trägt diese Kostform zur Senkung des Cholesterinspiegels bei. Die freien Gallensäuren binden sich im Darm an Ballaststoffe an und werden auf natürliche Weise mit dem Stuhl ausgeschieden. Dadurch wird vermieden, daß zu viele freie Gallensäuren zur Leber zurücktransportiert, dort als Cholesterin neu hergestellt und ans Blut abgegeben werden.

Was liegt also näher, als seine Ernährung auf eine ballaststoffreiche umzustellen?
Folgendes gilt es zu beachten: Ballaststoffe sind nicht nur im Getreide vorhanden, sondern auch in Obst, Gemüse und Salat. Getreide zählt zu den Kohlenhydraten und führt genauso wie Eiweiß bei übermäßigem Genuß zur Übersäuerung unseres Körpers. Denken Sie daran: Nur

30% der täglichen Ernährung sollten aus Säurebildnern bestehen. Beim Verzehr von Eiweiß und Kohlenhydraten demnach jeweils 15%.
70% sollten aus Basenbildnern bestehen, also Obst, Gemüse und Salat, wobei die Hälfte davon in roher Form genossen werden soll.

Sprossen und Keime

Das Ziehen von Sprossen ist vor allem im Winterhalbjahr, wenn die Vitaminversorgung jahreszeitlich bedingt eingeschränkt ist, von Bedeutung.

Was geschieht beim Keimen mit den Nahrungsmitteln?

Der Vitamingehalt wird durch das Keimen beträchtlich erhöht. Ein weiterer erfreulicher Aspekt besteht darin, daß durch das Keimen die Mineralsalze in eine andere molekulare Form versetzt werden und dadurch alle Sprossen als neutral einzuordnen sind. Zum Keimen können Sie alle eßbaren Samen verwenden, nur nicht Kartoffeln und Tomaten. Hier handelt es sich um Nachtschattengewächse, die solaninhaltig und von daher für den menschlichen Organismus gesundheitsschädlich sind. Saatgut, das für die Aussaat im Garten gedacht ist, darf nicht verwendet werden, da dieses gegen Schädlingsbefall behandelt wurde und damit uns Menschen schadet.

Was dürfen Sie zum Keimen verwenden?

Im Handel gibt es eigens für das Ziehen von Sprossen ausgewiesene Samen, die aus biologisch-dynamischem Anbau stammen. Sie dürfen auch alle Getreidearten, Hülsenfrüchte und Sonnenblumenkerne verwenden. Achten Sie nur darauf, daß die Samen nicht beschädigt oder zerbrochen sind. Deshalb unbedingt das Saatgut vor dem Keimen verlesen!

Worin Keimen?

Es werden spezielle Saatboxen für das Ziehen von Sprossen im Handel angeboten. Sie haben den Vorteil, stapelbar zu sein, so daß man gleichzeitig mehrere Saaten auf einmal keimen lassen kann. Sie können Sprossen aber auch ganz einfach im Einmachglas ziehen. Vom Keimen auf Watte, Styropor und Vlies rate ich ab, da sich bei dieser Art des Keimens unerwünschte Mikroorganismen (Bakterien) zu schnell vermehren.

Anleitung zum Keimen:

1. Zerbrochene und fremde Samen entfernen.
2. In einem Sieb die Samen gründlich waschen.
3. Das Keimgefäß bis höchstens zu einem Drittel mit Keimgut füllen. Die dreifache Menge kaltes Wasser dazugeben. Beim Einmachglas die Öffnung mit einem Stück Gaze abdecken und mit einem Gummiring befestigen.
4. Die Samen 4–12 Stunden quellen lassen (siehe Tabelle).
5. Nach entsprechender Einweichzeit die Samen mit kaltem Wasser gründlich spülen und in einem Sieb abtropfen lassen. Die abgetropften Samen ohne Wasserzugabe in das Einmachglas zurückgeben und bei Zimmertemperatur (ca. 20 Grad) weiter wachsen lassen. Nicht auf die Heizung stellen oder direkter Sonnenbestrahlung aussetzen!
6. Den Spülvorgang dreimal täglich wiederholen.

7. Wenn die Keimlinge die gewünschte Größe erreicht haben – je nach Art nach 2–8 Tagen –, möglichst rasch verarbeiten. Sollten Sie einmal nicht gleich alle Keimlinge verwenden können, können diese auch noch 1–2 Tage abgedeckt im Kühlschrank aufbewahrt werden. Beachten Sie, daß der Spülvorgang unbedingt dreimal täglich erfolgen muß.

So funktioniert das Keimen

Samen	*Einweichzeit in Stunden*	*Erntezeit in Tagen*
Alfalfa (Luzerne)	4–6	5–6
Azukibohnen*	12	3–5
Erbsen*	12	4–5
Kichererbsen*	12	3–5
Kresse	–	7–8
Linsen*	12	2–5
Mungobohnen*	12	2–5
Nacktgerste	12	2–3
Nackthafer	4	2–3
Reis	12	2–3
Rettich	6	3–4
Roggen	12	2–3
Senf	4–6	2–3
Sojabohnen*	28	4–5
Sonnenblumenkerne	12	3–4
Weizen	12	2–3

Bei allen mit einem * gekennzeichneten Samen handelt es sich um Hülsenfrüchte (auch Sojabohnen gehören dazu), die nach dem Keimen, vor dem Verzehr, blanchiert werden sollten.

Blanchieren: Sprossen in einem Sieb 2–3 Minuten in kochendes Wasser halten. Herausnehmen und mit kaltem Wasser abschrekken. Jetzt sind die Keimlinge zum Verzehr bereit.

Zu welchen Gerichten passen Keimlinge?

Keimlinge und Sprossen können roh, gedünstet oder gebacken verwendet werden.

Keimlinge roh: zu Müsli, Salaten, zu Quarkspeisen, als Brotbelag;
Keimlinge gedünstet: in Suppen, im Eintopf, zu Gemüse;
Keimlinge gebacken: in Brot, Brötchen und in Aufläufen.

Erklärungen zu den Mahlzeiten

Nach Dr. Hay ist es günstig,

am Morgen
eine Basenmahlzeit zu sich zu nehmen, beispielsweise als Müsli auf der Basis eines angesäuerten Milchproduktes.

Am Mittag
die Eiweißmahlzeit, wegen des Leberrhythmus: Eiweiß wird langsam verdaut!

Am Abend
die Kohlenhydratmahlzeit.

Bei der Trennkost müssen Sie nicht unbedingt mittags eine Eiweiß- und abends eine Kohlenhydratmahlzeit einnehmen. Sie dürfen auch mittags und abends eine Kohlenhydratmahlzeit verzehren. Es empfiehlt sich jedoch, nicht zwei Eiweißmahlzeiten täglich einzunehmen.
Bevor Sie mit dem Ernährungsplan zum Einstieg in die Trennkost beginnen, gibt es noch zwei wesentliche Dinge zu beachten. Zum ersten das Frühstück und zum zweiten die Frischkost.
Beginnen wir mit dem **Frühstück.** Wer fit und leistungsfähig sein bzw. es wieder werden will, sollte auf keinen Fall auf das Frühstück verzichten. Wie schon erwähnt, empfiehlt Dr. Hay als Basenmahlzeit Müsli. Alternativ dazu besteht auch die Möglichkeit eines Frühstücks mit Vollkornbrot oder -brötchen.
Beim Müsli gibt es einiges zu beachten: Sie sollten möglichst un-

geschroteten Leinsamen verwenden, da durch das Schroten und Lagern Inhaltsstoffe verloren gehen. Es empfiehlt sich, den EL Leinsamen am Abend zuvor mit einem EL Wasser einzuweichen und über Nacht im Kühlschrank abgedeckt quellen zu lassen. Sollten Sie dies einmal vergessen haben, so können Sie noch am Morgen den Leinsamen in den Joghurt rühren und ca. 15–20 Minuten quellen lassen. Durch das Einweichen wird die optimale Wirkungsweise des Leinsamens gefördert, d.h. die Stuhlentleerung wird unterstützt.

Das grob geschrotete Korn und die Trockenfrüchte immer getrennt einweichen.

Der TL Öl (keinen Kaffeelöffel!) ist im Müsli unbedingt erforderlich. Lassen Sie ihn auf keinen Fall weg. Durch diese geringe Menge Öl wird der Stoffwechsel aktiviert. Die Befürchtung, daß durch das Öl der Geschmack des Müslis beeinträchtigt wird, kann ich Ihnen nehmen. Zum einen wird ja nur eine geringe Menge Öl untergerührt und zum anderen empfehle ich Ihnen Sonnenblumenöl, das im Gegensatz zum Distelöl völlig neutral schmeckt.

Wenn in den Rezepten von geriebenem Obst die Rede ist, so ist damit immer grob geriebenes Obst gemeint. Sie können das Obst auch mit einem Messer in Stücke schneiden. Das Trennkostmüsli hat den Vorteil, daß es schnell zubereitet werden kann und Ihren Organismus nicht belastet.

Nehmen Sie sich Zeit. Nur durch intensives Kauen, nämlich 20 bis 30mal je Bissen, erreichen Sie ein lang anhaltendes Sättigungsgefühl.

Frischkost/Salate in der Trennkost

In den Empfehlungen der Trennkost heißt es, daß Sie vor jedem Mittag- und Abendessen eine Frischkost zu sich nehmen sollen. Darunter versteht man Blattsalate und alle Gemüse- und Obstsorten, die roh als Salat angemacht und verzehrt werden können.

Für die Zubereitung einer Frischkost zur Kohlenhydratmahlzeit dürfen Sie weder Zitronensaft, noch Obst oder Kräuteressig verwenden, da diese der Eiweißgruppe angehören. Zum Säuern einer Frischkost zur Kohlenhydratmahlzeit dürfen Sie Brottrunk verwenden. Da Brottrunk den neutralen Nahrungsmitteln zugeordnet ist, kann er sowohl die Frischkost vor der Eiweiß-, als auch vor der Kohlenhydratmahlzeit bereichern.
Brottrunk erhalten Sie abgefüllt in Literflaschen. Geöffnet ist er im Kühlschrank jedoch nur eine Woche haltbar. Aus diesem Grund empfehle ich Ihnen, den Brottrunk in kleineren Portionen einzufrieren und nur soviel im Kühlschrank stehenzulassen, wie Sie voraussichtlich innerhalb einer Woche verwenden werden.
Zur besseren Übersicht hier noch einmal die Wiederholung:

Die Frischkost

- zur **Eiweißmahlzeit** darf mit Zitronensaft, Essig oder Brottrunk,
- zur **Kohlenhydratmahlzeit** nur mit Brottrunk angemacht werden.

Ernährungsplan zum Einstieg in die Trennkost

Um Ihnen den Einstieg in die Trennkost zu erleichtern, habe ich im nachfolgenden einen 14tägigen Ernährungsplan zusammengestellt. Dieser Ernährungsplan ist gleichzeitig zur raschen Gewichtsreduktion gedacht. Alle Gerichte können innerhalb der entsprechenden Gruppe, das heißt Frühstück, Mittag- und Abendessen ausgetauscht werden.

> Die Gerichte in diesem Buch sind, sofern nicht ausdrücklich anders vermerkt, für eine Person berechnet.

1. TAG:

Frühstück

Müsli

100 g Magerquark
1 EL Wasser
1 TL Öl, unraffiniert, aus 1. Pressung
1 EL Leinsamen, ungeschrotet
1 EL Weizenkleie
1 Apfel

Magerquark mit Wasser, Leinsamen, Weizenkleie und Öl verrühren, den grob geriebenen oder geschnittenen Apfel dazugeben und unterheben.

Frischkost

50 g Endiviensalat
2 Champignons
1 TL Öl, unraffiniert, aus 1. Pressung
1 TL Zitronensaft
1 Prise Kräutersalz
1 Spritzer flüssige Pflanzenwürze

Zuerst die Salatsauce mit dem TL Öl, Zitronensaft, Kräutersalz und einem Spritzer Pflanzenwürze zubereiten.
Endivienblätter unter fließendem Wasser gründlich waschen, in einer Salatschleuder trocknen, klein schneiden. Die beiden Champignons waschen, gegebenenfalls mit einer Gemüsebürste leicht abbürsten und in Scheiben schneiden.
Den Salat und die Champignons zu der Salatsauce geben und alles miteinander vermischen.

Hähnchenkeule mit Paprikagemüse

1 Hähnchenkeule
Paprikapulver
5 g Kokosfett, ungehärtet
250–300 g Paprikaschoten (etwa 2 große)

Eine beschichtete Pfanne erhitzen. Gleich zu Beginn das Kokosfett dazugeben und beim Verlaufen des Fettes die Pfanne auspinseln. Die Hähnchenkeule mit Paprikapulver würzen und in der Pfanne von beiden Seiten anbraten, mit 2 EL warmem Wasser ablöschen und zugedeckt ca. 20 Minuten dünsten.
In der Zwischenzeit die Paprikaschoten waschen. In zwei Hälften schneiden, den Strunk und die Kerne entfernen und das Gemüse kleinschneiden. Nach dem 20minütigen Garen der Hähnchenkeule die Paprikaschoten dazugeben und abgedeckt alles zusammen weitere 5–10 Minuten dünsten.

Nachspeise: 1 Kiwi

Frischkost

50 g Chinakohl
4–5 Radieschen
½ Becher Vollmilchjoghurt
½ EL Brottrunk
1 Prise Kräutersalz

Für die Salatsauce:
den Joghurt mit Brottrunk vermischen, mit Kräutersalz abschmecken

Chinakohlblätter unter fließendem Wasser waschen, schleudern und in kleinere Stücke schneiden. Radieschen waschen und in feine Scheiben schneiden. Chinakohlstreifen und Radieschen zur Joghurtsauce geben und alles miteinander vermischen.

Belegte Brote mit Salami und Frischkäse

2 Scheiben Vollkornbrot
1 TL Butter
25 g Rindersalami
1 TL Doppelrahmfrischkäse
2–3 Radieschen
etwas Schnittlauch

1 Scheibe Vollkornbrot ganz dünn mit Butter bestreichen und mit Rindersalami belegen.
Die zweite Scheibe Vollkornbrot dünn mit Doppelrahmfrischkäse bestreichen und mit 2 kleingeschnittenen Radieschen belegen. Das Ganze mit Schnittlauchröllchen bestreuen.

2. TAG:

Frühstück

Müsli

1 Becher Vollmilchjoghurt
1 TL Öl
1 EL Leinsamen, eingeweicht
Weizenkleie
4 Pflaumen

Vollmilchjoghurt mit Öl, Leinsamen und Weizenkleie verrühren. Pflaumen waschen, vierteln, entsteinen und die Pflaumenviertel in kleine Stücke schneiden; in das Joghurtgemisch geben und unterheben.

Mittagessen · *Eiweißmahlzeit*

Frischkost

50 g Feldsalat
1 kleine Zucchini
1 TL Öl
1 TL Kräuteressig
1 Prise Kräutersalz

Salatsauce aus Öl, Essig und Salz zubereiten.
Feldsalat und Zucchini gründlich waschen. Feldsalat schleudern und putzen. Zucchini in kleine Scheiben schneiden. Feldsalat und Zucchinistücke zur Salatsauce geben und vermischen.

Frikadelle mit Rosenkohl

100 g Tatar
1 EL Magerquark
1 Msp Paprikapulver
5 g Kokosfett, ungehärtet
1 EL TK-8-Kräutermischung
250–300 g Rosenkohl
1 KL granulierte Gemüsebrühe
5 g Butter

Tatar mit 1 EL Quark, dem Paprikapulver und den Kräutern mischen und zu einer Frikadelle formen. Eine beschichtete Pfanne mit dem Kokosfett auspinseln und die Frikadelle darin von beiden Seiten ca. 10 Minuten braten.
Rosenkohl waschen und putzen, mit 5 EL Wasser in einen Topf geben, mit etwas Gemüsebrühe würzen und die Herdplatte auf höchste Stufe stellen. Gemüse abgedeckt zum Kochen bringen. Sofort nach Beginn des Kochens die Temperatur auf halbe Stufe reduzieren und das Gemüse ca. 8 Minuten garen. Kurz vor Beendigung des Garprozesses die Butter unter das Gemüse rühren.

Nachspeise: 1 Birne

Abendessen · *Kohlenhydratmahlzeit*

Frischkost

50 g Chinakohl
1 Mohrrübe
½ Becher Joghurt
½ EL Brottrunk
1 Prise Kräutersalz

Aus Joghurt und Brottrunk mit dem Kräutersalz eine Salatsauce zubereiten.
Chinakohlblätter waschen, schleudern und kleinschneiden.
Die Mohrrübe mit einer Gemüsebürste unter fließendem Wasser waschen und fein raspeln. Chinakohl und Mohrrübe zur Salatsauce geben, alles miteinander vermischen und kurz ziehen lassen.

Matjesbrote

2 Scheiben Vollkornbrot
2 TL Butter
1 Matjesfilet
1 Vollmilchjoghurt
50 g Salatgurke
1 TL frischer Dill

Den Vollmilchjoghurt in einer Schüssel mit kleingehacktem Dill vermischen. Das Gurkenstück unter fließendem Wasser abbürsten, in der Mitte teilen und mit einem Kaffeelöffel die Kerne entfernen. Die restliche Gurke mit der Schale grob raspeln und zum Joghurt geben.
Das Matjesfilet in feine Streifen schneiden und unter das Gurken-Joghurt-Gemisch ziehen.
Die beiden Scheiben Vollkornbrot ganz dünn mit Butter bestreichen und mit den eingelegten Matjesfilets belegen.

3. TAG:

Frühstück

1 Scheibe Vollkornbrot
1 Scheibe Wörishofener Schnittkäse (60% Fett i. T.)
2 Walnußhälften, klein gehackt

Die Scheibe Vollkornbrot kurz toasten. Anschließend sofort mit der Käsescheibe belegen. Die beiden kleingehackten Walnußhälften über das Käsebrot streuen.

Frischkost

50 g Eichblattsalat
1 rote Paprika
1 TL Öl
1 EL Brottrunk
1 Prise Kräutersalz
flüssige Pflanzenwürze

Aus Öl, Kräutersalz, Pflanzenwürze und Brottrunk eine Salatsauce zubereiten.
Die Salatblätter waschen, schleudern und kleinschneiden. Die Paprikaschote waschen, vierteln, Strunk und Kerne entfernen. Paprikaviertel kleinschneiden, mit dem Eichblattsalat zur Salatsauce geben und alles miteinander vermischen.

Putenschnitzel mit Champignons

100 g Putenschnitzel
5 g Kokosfett, ungehärtet
250–300 g Champignons
1 EL TK-8-Kräutermischung

Eine beschichtete Pfanne mit Kokosfett auspinseln, das Putenschnitzel anbraten und mit 4 EL warmem Wasser ablöschen. Zugedeckt bei mittlerer Hitze 5 Minuten ziehen lassen. In der Zwischenzeit die Champignons waschen und in Scheiben schneiden. Die Pilze zum Schnitzel geben, mit etwas granulierter Gemüsebrühe abschmecken, tiefgefrorene Kräuter zufügen und alles abgedeckt ca. 4 Minuten garen.

Nachspeise: 1 Apfel

Frischkost

2 Tomaten
1 TL Öl, z. B. natives Olivenöl
1 EL Brottrunk
etwas Kräutersalz
flüssige Pflanzenwürze
einige Basilikumblätter

Aus Öl, Brottrunk, Kräutersalz und der Pflanzenwürze die Salatsauce bereiten. Tomaten waschen, in Scheiben schneiden, dabei den grünen Stiel entfernen. Die Tomatenscheiben zur Salatsauce geben, alles miteinander vermischen und mit den kleingehackten Basilikumblättern bestreuen.

Tomaten-Käse-Brote

2 Scheiben Vollkornbrot
2 TL Butter
2 Tomaten
100 g Mozzarella-Käse
etwas Basilikum

Die beiden Brotscheiben dünn mit Butter bestreichen. Die Tomaten waschen, in Scheiben schneiden, dabei den grünen Strunk entfernen. Den Mozzarellakäse in dünne Scheiben schneiden. Nun die beiden Brote abwechselnd mit Tomaten- und Käsescheiben belegen. Anschließend mit frisch gehacktem Basilikum bestreuen.

4. TAG:

Frühstück

Müsli

1 Becher Vollmilchjoghurt
1 TL Öl
1 EL Leinsamen, eingeweicht
1 EL Weizenkleie
1 Pfirsich

Den Becher Vollmilchjoghurt mit Öl, Leinsamen und Weizenkleie mischen. Den Pfirsich waschen, vierteln und entsteinen. Die Pfirsichhälften in kleine Stücke schneiden und unter das Joghurtgemisch heben.

Mittagessen · *Eiweißmahlzeit*

Frischkost

50 g Eisbergsalat
20 g Radicchiosalat
1 TL Öl
1 TL Zitronensaft
1 Prise Kräutersalz

Aus Öl, Zitronensaft und Kräutersalz eine Salatsauce bereiten. Die Salatblätter waschen, schleudern und kleinschneiden. Den kleingeschnittenen Salat mit der Sauce vermischen.

Forelle mit Rahm-Blattspinat

1 kleine Forelle, frisch oder tiefgefroren
½ l Wasser
etwas Zitronensaft
1 Paket TK-Blattspinat
1 EL Wasser
1 TL süße Sahne
1 KL Gemüsebrühe

Wenn Sie keinen speziellen Topf zum Fischdünsten haben, nehmen Sie einfach eine große Bratpfanne dazu. Je nach Durchmesser der Pfanne ½–¾ l Wasser mit etwas Zitronensaft aufkochen. Herdplatte auf Mittelhitze oder etwas darunter einstellen. Die ausgenommene Forelle in das Wasser geben und abgedeckt 10–15 Minuten pochieren, also nicht sprudelnd kochen! Die Forelle ist gar, wenn sich das Backenfleisch hervorwölbt oder sich die Bauchlappen nach außen wölben.
Den aufgetauten Blattspinat mit 1 EL Wasser und etwas granulierter Gemüsebrühe ca. 10 Minuten garen. Am Ende der Garzeit 1 TL süße Sahne zum Spinat geben und alles miteinander vermischen.

Nachspeise: 1 Orange

Abendessen · *Kohlenhydratmahlzeit*

Frischkost

½ Salatgurke
½ Becher Vollmilchjoghurt
½ EL Brottrunk
1 Prise Kräutersalz
etwas Dill

Aus Joghurt, Brottrunk, Salz und feingehacktem Dill eine Salatsauce zubereiten. Die Gurke mit der Gemüsebürste unter fließendem Wasser gründlich säubern. Anschließend in dünne Scheiben schneiden und mit der Joghurtsauce vermischen.

Wurst-Tomaten-Brot

2 Scheiben Vollkornbrot
2 TL Butter
30 g Blutwurst
1 Tomate
einige Zwiebelringe

Die beiden Scheiben Vollkornbrot mit jeweils 1 TL Butter bestreichen. Eine Scheibe Brot mit Blutwurst belegen.
Tomate waschen, in Scheiben schneiden, grünen Strunk entfernen. Die zweite Scheibe Vollkornbrot mit den Tomatenscheiben und den Zwiebelringen belegen.

5. TAG:

Frühstück

Müsli

100 g Magerquark
1 EL Wasser
1 TL Öl
1 EL Leinsamen, ungeschrotet
1 EL Weizenkleie
1 Birne

Den Quark mit dem Wasser, Öl, eingeweichtem Leinsamen und Weizenkleie vermischen. Die Birne grob raffeln oder in Stücke schneiden und unter das Quarkgemisch heben.

Frischkost

200–250 g Tomaten
1 Zwiebel
1 TL Öl
1 EL Brottrunk
1 Prise Kräutersalz
etwas flüssige Pflanzenwürze

Tomaten waschen und in Scheiben schneiden, den grünen Strunk herausschneiden. Aus Öl, Brottrunk, kleingehackter Zwiebel, Kräutersalz und flüssiger Pflanzenwürze eine Salatsauce rühren. Tomaten zufügen und mischen.

Herzhafte Vollkornnudeln

50 g Vollkornnudeln
½ l Wasser
30 g Dörrfleisch oder magerer Schinkenspeck
1 Zwiebel, kleingeschnitten
1 Eigelb
1 EL Vollmilchjoghurt
1 TL saure Sahne

Den ½ l Wasser mit einigen Tropfen Öl und etwas jodiertem Vollmeersalz zum Kochen bringen, die Nudeln darin ca. 6–7 Minuten bißfest kochen. In ein Sieb schütten und abtropfen lassen. Dörrfleisch- oder Schinkenspeckwürfel in einer beschichteten Pfanne auslassen, die Zwiebelwürfelchen mitdünsten. Die abgekochten Nudeln in der Pfanne mit Dörrfleisch und Zwiebeln vermischen, alles auf einen vorgewärmten Teller geben. Den EL Joghurt mit der sauren Sahne und einem Eigelb verquirlen, über die Nudeln ziehen und nochmals alles vermischen.

Nachspeise: 1 kleine Banane

Frischkost

50 g Feldsalat
50 g Rettich
½ Becher Vollmilchjoghurt
½ EL Brottrunk
Kräutersalz

Den Brottrunk mit dem Joghurt verrühren, mit Salz abschmekken. Den Feldsalat waschen, putzen und schleudern. Den Rettich unter fließendem Wasser mit einer Gemüsebürste gründlich abbürsten, grob reiben. Feldsalat und Rettich zur Salatsauce geben und alles miteinander vermischen.

Camembert-Rettich-Brote

2 Scheiben Vollkornbrot
40 g Camembert mit 60 % Fett i. T.
1 TL Butter
6–8 Scheiben Rettich

1 Scheibe Vollkornbrot dünn mit Camembert belegen. Die zweite Scheibe Vollkornbrot mit Butter bestreichen und mit Rettichscheiben belegen.

6. TAG:

Frühstück

1 Roggenvollkornbrötchen
10 g Bündnerfleisch
1 EL Hüttenkäse
2 Scheiben Salatgurke

Das Vollkornbrötchen in der Mitte teilen, eine Hälfte dünn mit Butter bestreichen und mit dem Bündnerfleisch belegen. Die andere Hälfte mit Hüttenkäse bestreichen und mit 2 Scheiben Salatgurke belegen.

Mittagessen · *Eiweißmahlzeit*

Frischkost

1 Staude Chicorée
1 Mandarine
½ Becher Vollmilchjoghurt
1 TL saure Sahne
1 TL Zitronensaft
1 Prise Kräutersalz

Aus Vollmilchjoghurt, saurer Sahne, Zitronensaft und Kräutersalz eine Salatsauce zubereiten. Den bitteren Strunk beim Chicorée herausschneiden. Blätter unter fließendem Wasser waschen und schleudern, anschließend in kleine Stücke schneiden. Die Mandarine schälen und die Mandarinenspalten mit dem Chicorée zur Salatsauce geben. Alles miteinander vermischen.

Geschnetzeltes Rindfleisch mit Zucchini-Möhren-Gemüse

100 g Rindfleisch (Bratenstück)
5 g Kokosfett
1 Zwiebel
150 g Möhren
150 g Zucchini
1 KL granulierte Gemüsebrühe

Das Rindfleisch in kleine Stücke schneiden. In einer beschichteten Pfanne das Kokosfett auslassen, die Fleischstücke darin anbraten. Eine Zwiebel klein hacken, zum Fleisch geben und mitschmoren. 2–3 EL Wasser dazugeben und auf mittlerer Stufe abgedeckt ca. 15 Minuten dünsten.
Mohrrübe und Zucchini gründlich mit einer Gemüsebürste waschen und schrubben. Zuerst die Mohrrübe in Scheiben schneiden und zum Fleisch geben. Nach 6 Minuten die in Scheiben geschnittene Zucchini zufügen und das Ganze weitere 2 Minuten dünsten.

Nachspeise: 2 Scheiben frische Ananas

Abendessen · *Kohlenhydratmahlzeit*

Frischkost

150 g Mohrrübe
150 g Zucchini
½ Becher Vollmilchjoghurt
½ EL Brottrunk
1 Prise Kräutersalz

Aus Joghurt, Brottrunk und Salz eine Salatsauce zubereiten. Möhre und Zucchini unter fließendem Wasser mit einer Gemüsebürste schrubben. In der Küchenmaschine oder mit einer Reibe das Gemüse mittel bis fein raspeln, zur Salatsauce geben und alles miteinander vermischen.

Belegte Brote mit Hüttenkäse und Forellenfilet

2 Scheiben Vollkornknäckebrot
2 EL Hüttenkäse
1 Scheibe Vollkornbrot
60 g geräuchertes Forellenfilet

Die Knäckebrotscheiben mit jeweils 1 EL Hüttenkäse bestreichen und mit frischen Gurkenscheiben belegen.
1 Scheibe Vollkornbrot mit 50 g geräuchertem Forellenfilet belegen und mit dem Messer auseinanderstreichen.

7. TAG:

Frühstück

Müsli

100 g Magerquark
1 TL Öl
1 EL Leinsamen, ungeschrotet
1 EL Weizenkleie
2 Scheiben frische Ananas

Magerquark, Öl, eingeweichten Leinsamen und Weizenkleie miteinander vermischen. Die beiden Scheiben frische Ananas in Stücke schneiden und unter die Quarkmischung ziehen.

Frischkost

100 g Gurke
½ Becher Vollmilchjoghurt
1 TL Kräuteressig
1 Prise Kräutersalz
1 TL Dill

Joghurt mit Kräuteressig, Kräutersalz und 1 TL gehacktem Dill zur Salatsauce verrühren.
Die Gurke mit der Gemüsebürste unter fließendem Wasser gründlich abschrubben, anschließend die Gurke in Scheiben geschnitten zur Salatsauce geben und alles miteinander vermischen.

Putengeschnetzeltes mit Champignons

100 g Putenschnitzel
1 Zwiebel
250–300 g Champignons
1 KL Gemüsebrühe
1 Msp Currypulver
1 TL Crème fraîche

Putenschnitzel in feine Streifen schneiden. Eine beschichtete Pfanne mit einem Fettpinsel ausstreichen und das Putenfleisch darin anbraten. Eine kleingehackte Zwiebel mitdünsten. Das Fleisch mit den Zwiebeln abgedeckt 5 Minuten schmoren. In der Zwischenzeit die Champignons waschen, in Scheiben schneiden, zum Fleisch geben, mit Currypulver und granulierter Gemüsebrühe würzen. Alles zusammen weitere 5–7 Minuten auf halber Stufe dünsten. Dann 1 TL Crème fraîche zufügen und abgedeckt auf ausgestellter Herdplatte 1–2 Minuten ziehen lassen.

Nachspeise: 1 Nektarine

Frischkost

100 g Chinakohl
50 g frischer oder TK-Mais
½ Becher Vollmilchjoghurt
½ EL Brottrunk
1 Prise Kräutersalz
etwas flüssige Pflanzenwürze

Chinakohl waschen, kleinschneiden und trockenschleudern. Aus Joghurt, Brottrunk, Kräutersalz und etwas Pflanzenwürze eine Salatsauce herstellen. Den Chinakohl zusammen mit dem aufgetauten (oder 10 Minuten gekochten frischen) Mais zur Salatsauce geben und miteinander vermischen.

Brote mit Wildschinken und Rettich

2 Scheiben Vollkornbrot
2 TL Butter
25 g geräucherter Wildschinken
50 g Rettich

Die beiden Scheiben Vollkornbrot dünn mit Butter bestreichen. Eine Schnitte mit dem Wildschinken, die andere mit dem in dünne Scheiben geschnittenen Rettich belegen.

8. TAG:

Frühstück

3 Scheiben Vollkornknäckebrot
100 g Magerquark
1 EL Wasser
1 EL Kräuter, frisch gehackt oder tiefgefroren
1 Prise Kräutersalz

Den Quark mit Wasser, Kräutern und Kräutersalz zu einem Kräuterquark verarbeiten. Die drei Scheiben Vollkornknäckebrot damit bestreichen.

Mittagessen · *Kohlenhydratmahlzeit*

Frischkost

80 g Lollo Rosso-Salat
10 g geröstete Sonnenblumenkerne
1 TL Öl
1 EL Brottrunk
1 Prise Salz

Aus Öl, Brottrunk und Kräutersalz eine Salatsauce zubereiten. In einer beschichteten Pfanne 10 g Sonnenblumenkerne rösten und abkühlen lassen. Den Salat waschen, schleudern und kleinschneiden, zur Salatsauce geben und miteinander vermischen. Anschließend die gerösteten, abgekühlten Sonnenblumenkerne darüberstreuen.

Gefüllter Pfannkuchen

50 g Vollkornmehl
25 ml süße Sahne
75 ml Wasser
1 Eigelb
5 g Kokosfett, ungehärtet
250 g Zucchini
1 EL Wasser
25 g geräucherter Lachs
1 TL Gemüsebrühe

Das Vollkornmehl mit Sahne, Wasser und Eigelb in einer Schüssel mit dem Handrührgerät 2 Minuten verquirlen. Den Teig 25 Minuten ruhen lassen, damit das Vollkornmehl quellen kann.
Die Zucchini waschen und kleinschneiden. Mit 1 EL Wasser und etwas granulierter Gemüsebrühe zum Kochen bringen, dann die Hitze auf halbe Stufe reduzieren und 4 Minuten dünsten. Butter sowie den in Streifen geschnittenen Lachs dazugeben.
In einer beschichteten Pfanne das Kokosfett erhitzen und den Pfannkuchenteig von beiden Seiten in jeweils 3 Minuten goldbraun backen. Den Pfannkuchen zur Hälfte mit dem Lachs-Gemüse füllen, zuklappen und auf einen vorgewärmten Teller gleiten lassen.

Abendessen · *Kohlenhydratmahlzeit*

Frischkost

50 g Endiviensalat
50 g Champignons
1 TL Öl
1 EL Brottrunk
1 Prise Kräutersalz

Aus Öl, Brottrunk und Kräutersalz eine Salatsauce zubereiten. Den Salat waschen, schleudern und kleinschneiden. Die Champignons ebenfalls waschen und in Scheiben schneiden. Den Endiviensalat mit Champignons und Salatsauce vermischen.

Käsetoast mit Banane

2 Scheiben Vollkorntoast
30g Edelpilzkäse (60 %)
1 kleine Banane
2 Walnüsse

Die beiden Brotscheiben toasten und eine davon sofort mit Edelpilzkäse bestreichen.
Die zweite Brotscheibe mit Bananenscheiben belegen und diese mit den grobgehackten Walnüssen bestreuen.

9. TAG:

Frühstück

Müsli

100 g Magerquark
1 EL Wasser
1 TL Öl
1 EL Leinsamen
1 EL Weizenkleie
150 g Weintrauben

Quark mit Wasser, Öl, Leinsamen und Weizenkleie verrühren. Die gewaschenen Weintrauben darunterziehen.

Frischkost

150 g Paprikaschoten (grüne und gelbe)
1 kleine Zwiebel
1 TL Öl
1 TL Kräuteressig
1 Prise Kräutersalz
50 g Hüttenkäse

Aus Öl, Essig und Kräutersalz eine Salatsauce zubereiten.
Paprika waschen, den Strunk und die Kerne entfernen. Die Schoten in sehr feine Streifen schneiden. Die Zwiebel sehr klein würfeln und mit Paprika, Hüttenkäse und Salatsauce vermischen.

Brokkoligemüse mit Krabben

250–300 g Brokkoli
1 KL Gemüsebrühe
1 Zwiebel
1 TL Butter
100 g Krabben
1 EL Weißwein
1 Eigelb
1 EL Crème fraîche
1 EL Kräuter, frisch oder tiefgefroren

Das Gemüse waschen und in Röschen zerteilen. Mit 2 EL Wasser und etwas Gemüsebrühe zum Kochen bringen. Die Hitze auf halbe Stufe reduzieren und 3–4 Minuten dünsten, so daß das Gemüse noch Biß hat.
In der Zwischenzeit die Zwiebel hacken und in einer Pfanne mit Butter hellgelb andünsten. Die Krabben hinzufügen und 5 Minuten mitdünsten, Kräuter dazugeben und mit dem Weißwein ablöschen. Das Eigelb mit der Crème fraîche verrühren und zu den Krabben geben, kurz stocken lassen. Den Pfanneninhalt auf das fertige Gemüse geben.

Nachspeise: 1 Nektarine

Frischkost

50 g Eichblattsalat
50 g Rettich
1 TL Öl
1 EL Brottrunk
1 Prise Kräutersalz

Aus Öl, Brottrunk und Kräutersalz eine Salatsauce zubereiten. Den Salat waschen, schleudern und kleinschneiden. Den Rettich mit der Gemüsebürste abbürsten und fein reiben. Salat und Rettich mit der Sauce mischen.

Schinken-Frischkäse-Brote

2 Scheiben Vollkornbrot
1 Scheibe Lachsschinken
20 g Doppelrahmfrischkäse
2 Scheiben Rettich

Eine Scheibe Vollkornbrot dünn mit Butter bestreichen und mit Lachsschinken belegen. Die andere Scheibe Brot mit Doppelrahmfrischkäse bestreichen und mit dem Rettich abdecken.

10. TAG:

Frühstück

Müsli

1 Becher Vollmilchjoghurt
1 TL Öl
1 EL Leinsamen
1 EL Weizenkleie
1 Kiwi

Vollmilchjoghurt mit Öl, Leinsamen und Weizenkleie vermischen. Die Kiwi schälen, kleinschneiden und unter den Joghurt ziehen.

Hähnchenschlegel mit Zucchinigemüse

1 Hähnchenschlegel
1 Msp Paprikapulver
1 KL Kräuter der Provence
250–300 g Zucchini
5 g Butter
1 KL Gemüsebrühe

Die Haut vom Hähnchenschlegel leicht lösen, d.h. anheben. Zwischen Haut und Fleisch Kräuter der Provence und Paprikapulver streuen. Den Schlegel grillen, z.B. im Kontaktgrill.
Zucchini mit der Gemüsebürste unter fließendem Wasser gründlich abschrubben und in Scheiben schneiden. Mit einem Löffel Wasser und etwas Gemüsebrühe zum Kochen bringen, dann auf halber Stufe 2 Minuten dünsten. Die Butter zufügen und zugedeckt 1 weitere Minute auf abgestellter Herdplatte ziehen lassen.

Nachspeise: 100 g Erdbeeren

Abendessen · *Kohlenhydratmahlzeit*

Frischkost

50 g Friséesalat
1 Tomate
1 TL Öl
1 EL Brottrunk
1 Prise Kräutersalz

Aus Öl, Brottrunk und Kräutersalz eine Salatsauce zubereiten. Friséesalat waschen, schleudern und kleinschneiden. Die Tomate waschen, in Spalten schneiden, dabei den grünen Strunk entfernen.
Den Salat mit Tomate und Salatsauce vermischen.

Tatarbrötchen

1 Vollkornbrötchen
50 g Tatar
1 Zwiebel
1 Msp Paprikapulver
1 Prise Salz

Zwiebel in Ringe schneiden, 4 Zwiebelringe zur Seite legen. Die restliche Zwiebel sehr fein hacken und mit dem Tatar, Paprikapulver und einer Prise Salz vermischen. Das Tatar auf die beiden Brötchenhälften verteilen und mit jeweils zwei Zwiebelringen und etwas Petersilie garnieren.

11. TAG:

Frühstück

Müsli

1 Becher Vollmilchjoghurt
1 TL Öl
1 EL Leinsamen
1 EL Weizenkleie
5 Mirabellen

Den Joghurt mit Öl, Leinsamen und Weizenkleie vermischen. Die Mirabellen waschen, entsteinen, in Stücke schneiden und zum Joghurt geben, alles miteinander verrühren.

Frischkost

50 g Salatgurke
50 g Rettich
1 kleiner Apfel
½ Becher Vollmilchjoghurt
½ EL Brottrunk
1 Prise Kräutersalz

Aus Joghurt, Brottrunk und Kräutersalz eine Salatsauce zubereiten.
Salatgurke und Rettich mit einer Gemüsebürste unter fließendem Wasser abschrubben. Rettich, Gurke und den ebenfalls gewaschenen Apfel in feine Ringe schneiden oder hobeln. Unter die Salatsauce heben und vorsichtig miteinander vermischen.

Kalbsschnitzel mit Blumenkohl

100 g Kalbsschnitzel
1 Msp Paprikapulver
5 g Kokosfett
250–300 g Blumenkohl
5 g Butter
1 KL Gemüsebrühe

Das Kalbsschnitzel mit etwas Paprikapulver würzen. Das Kokosfett in einer beschichteten Pfanne erhitzen und das Schnitzel darin von beiden Seiten jeweils 5 Minuten braten.
Den Blumenkohl waschen und in Röschen teilen. Mit 4 EL Wasser und etwas Gemüsebrühe zum Kochen bringen. Die Hitze auf halbe Stufe reduzieren und das Gemüse ca. 8 Minuten dünsten, so daß es noch Biß hat. Die Butter zufügen und abgedeckt auf ausgestellter Herdplatte noch 1 Minute ziehen lassen, bis die Butter zerlaufen ist.

Nachspeise: 1 Apfelsine

Frischkost

80 g Feldsalat
1 Zwiebel
1 Scheibe Vollkorntoastbrot
1 TL Öl
1 EL Brottrunk
1 Prise Kräutersalz

Die Salatsauce aus Öl, Brottrunk und Kräutersalz zubereiten. Den Feldsalat putzen, waschen und schleudern. Mit der Salatsauce mischen. Zuvor die Scheibe Vollkorntoastbrot in kleine Würfel schneiden und in einer beschichteten Pfanne rösten. Diese Würfel über den fertigen Feldsalat streuen.

Räucherlachsbrot

1 Scheibe Vollkornbrot
25 g geräucherter Lachs
3–4 Zwiebelringe
1 TL Butter

Die Scheibe Vollkornbrot dünn mit Butter bestreichen, mit dem Räucherlachs belegen und mit den Zwiebelringen garnieren.

12. TAG:

Frühstück

Müsli

100 g Magerquark
1 EL Wasser
1 TL Öl
1 EL Leinsamen
1 EL Weizenkleie
100 g Erdbeeren

Magerquark, Wasser, Öl, Leinsamen und Weizenkleie miteinander mischen. Die gewaschenen Erdbeeren unter die Quarkmasse ziehen.

Mittagessen · *Eiweißmahlzeit*

Frischkost

50 g Eisbergsalat
20 g Radicchiosalat
2 Champignons
1 TL Öl
1 TL Zitronensaft
Kräutersalz

Aus Öl, Zitronensaft und Kräutersalz eine Salatsauce rühren. Den Eisberg- und Radicchiosalat waschen, schleudern, kleinschneiden, Champignons ebenfalls waschen und in Scheiben schneiden. Alles zusammen mit der Salatsauce vermischen.

Bretonisches Ei

250–300 g Lauch
5 EL Wasser
1 KL Gemüsebrühe
1 ML Biobin
1 TL süße Sahne
1 Ei

Das Ei hart kochen und in der Mitte teilen.
Den Lauch waschen, in dünne Ringe schneiden, mit 5 EL Wasser und 1 KL granulierter Gemüsebrühe aufkochen und dann auf kleiner Stufe 5 Minuten dünsten. Das Gemüse mit einem Schaumlöffel herausnehmen und die Gemüsebrühe mit 1 ML Biobin binden. Mit süßer Sahne verfeinern. Das Lauchgemüse in der Sauce auf einem vorgewärmten Teller anrichten und mit den beiden Eihälften garnieren.

Nachspeise: 6 Pflaumen

Abendessen · *Kohlenhydratmahlzeit*

Frischkost

1 Mohrrübe
1 gelbe Paprikaschote
50 g Salatgurke
½ Becher Vollmilchjoghurt
1 EL Brottrunk
1 Prise Kräutersalz

Joghurt, Brottrunk und Kräutersalz zu einer Salatsauce mischen. Die Mohrrübe und die Gurke mit der Gemüsebürste gründlich unter fließendem Wasser reinigen. Die Paprika waschen, in der Mitte teilen, den Strunk und die Kerne entfernen. Mohrrübe fein raspeln. Gurke und Paprika in dünne Scheiben bzw. Streifen schneiden. Das zerkleinerte Gemüse mit der Salatsauce vermischen.

Überbackener Schafkäse mit Paprika und Brot

60 g Schafkäse
½ TL Olivenöl
1 rote Paprika
1 TL Kräuter der Provence
2 Scheiben Vollkornbrot
1 TL Butter

Backofen oder Grill auf 200 °C vorheizen. Den Schafkäse in eine Auflaufform geben und den ½ TL Öl darüberträufeln. Paprika waschen, den Strunk und die Kerne entfernen, die Schote in dünne Streifen schneiden. Einige Paprikastreifen sowie die Kräuter der Provence auf dem Schafkäse verteilen.
Den Schafkäse im vorgeheizten Backofen bei 200 °C ca. 8–10 Minuten überbacken bzw. grillen.
Vollkornbrot dünn mit Butter bestreichen und die restlichen Paprikastreifen darauf verteilen.

13. TAG:

Frühstück

1 Weizenvollkornbrötchen
½ TL Butter
2 Scheiben Rindersalami
20 g Kräuterfrischkäse (60 % Fett i. T.)

Das Brötchen aufschneiden. Eine Hälfte dünn mit Butter bestreichen und mit 2 Scheiben Rindersalami belegen. Die andere Hälfte mit Kräuterfrischkäse bestreichen.

Frischkost

50 g Romanasalat
1 roter Apfel
½ Becher Joghurt
30 g Gorgonzola-Käse
½ EL Brottrunk

Joghurt, Brottrunk und kleingeschnittenen Gorgonzola mit dem Handrührgerät kräftig verquirlen. Den Romanasalat waschen, schleudern, kleinschneiden. Den Apfel waschen und grob raffeln. Den Salat und den Apfel mit der Salatsauce vermischen.

Fischfilet mit Zucchinigemüse

150 g Fischfilet
½ l Wasser
Zitronensaft
250–300 g Zucchini
1 KL granulierte Gemüsebrühe
5 g Butter

Das Fischfilet mit Zitronensaft beträufeln und im Wasser gar dünsten.
Die Zucchini mit der Gemüsebürste unter fließendem Wasser gründlich reinigen. Das Gemüse mit 1 EL Wasser und etwas Gemüsebrühe kurz aufkochen, dann auf kleiner Stufe ca. 5 Minuten dünsten. Mit Butter verfeinern und zum Fischfilet servieren.

Nachspeise: ½ Netzmelone

Frischkost

150 g Rettich
½ Becher Vollmilchjoghurt
1 EL Brottrunk
1 Prise Kräutersalz

Aus Joghurt, Brottrunk und Kräutersalz eine Salatsauce bereiten. Den gewaschenen Rettich mit der Küchenmaschine fein raspeln und unter die Salatsauce mischen.

Handkäsebrot mit Radieschen

2 Scheiben Vollkornbrot
1 TL Butter
50 g Handkäse
4 Zwiebelringe
4 Radieschen

Eine Scheibe Vollkornbrot dünn mit Butter bestreichen und mit dem Handkäse sowie den Zwiebelringen belegen.
Die andere Scheibe Vollkornbrot dünn mit Butter bestreichen und mit Radieschen belegen.

14. TAG:

Frühstück

Müsli

½ Becher Hüttenkäse
1 TL Öl
1 EL Leinsamen
1 EL Weizenkleie
100 g Brombeeren

Hüttenkäse mit Öl, Leinsamen und Weizenkleie vermischen. Die gewaschenen Brombeeren unterheben.

Mittagessen · *Kohlenhydratmahlzeit*

Frischkost

50 g Bataviasalat
100 g Cocktail- oder Kirschtomaten
1 TL Öl
1 TL Kräuteressig
Kräutersalz

Aus Öl, Essig und Kräutersalz eine Salatsauce zubereiten.
Den Bataviasalat waschen, schleudern und kleinschneiden. Die Tomaten waschen und einmal in der Mitte durchteilen, den grünen Strunk herausschneiden. Bataviasalat und Tomaten in die Salatsauce geben und mischen.

Spaghetti mit Schafkäse

50 g Vollkornspaghetti
½ l Wasser
2–3 Tropfen Öl
1 Prise Salz
300 g Paprika, gelb und grün
50 g Schafkäse
1 KL granulierte Gemüsebrühe

Spaghetti in dem Wasser mit etwas Vollmeersalz und einigen Tropfen Öl ca. 8–10 Minuten al dente kochen.
Das Paprikagemüse waschen, in der Mitte durchschneiden, den Strunk und die Kerne entfernen. Paprika in feine Streifen schneiden und mit 3 EL Wasser und etwas Gemüsebrühe zum Kochen bringen. Das Gemüse dann auf halber Stufe 3–4 Minuten dünsten. Anschließend den zerbröckelten Schafkäse über das Gemüse streuen. Den Topf von der Herdplatte nehmen und abgedeckt noch 2 Minuten stehenlassen. Die Spaghetti auf einen vorgewärmten Teller geben und das Paprika-Schafkäse-Gemisch über die Nudeln verteilen.

Nachspeise: 100 g Heidelbeeren oder 1 Becher Vollmilchjoghurt

Abendessen · *Kohlenhydratmahlzeit*

Frischkost

50 g Friséesalat
1 rote Paprika
5 Scheiben Zucchini
1 TL Öl
1 EL Brottrunk
1 Prise Kräutersalz

Aus Öl, Brottrunk und Kräutersalz eine Salatsauce zubereiten. Den Friséesalat waschen, schleudern und kleinschneiden. Paprika

waschen, den Strunk und die Kerne entfernen, die Schote in feine Streifen schneiden.
Friséesalat, Paprika- und Zucchinistreifen zur Salatsauce geben und mischen.

Belegte Brote mit Räucherfisch und Hüttenkäse

2 Scheiben Vollkornbrot
50 g Räuchermakrele
50 g Hüttenkäse
4 Zucchinischeiben

Eine Scheibe Vollkornbrot mit 50 g Räuchermakrele belegen und mit dem Messer verstreichen. Die andere Scheibe Brot mit Hüttenkäse bestreichen und mit Zucchinischeiben belegen.

Frühstücksideen

Quark-Johannisbeer-Müsli

100 g Quark · 2 EL Wasser
1 TL Öl · 1 EL Leinsamen · 1 EL Weizenkleie
100 g Johannisbeeren · 4 Walnußhälften

Am Abend zuvor den EL Leinsamen mit 1 EL Wasser einweichen und abgedeckt im Kühlschrank über Nacht stehenlassen.
Am nächsten Morgen den Quark mit Wasser und Öl verrühren, den Leinsamen und die Weizenkleie dazugeben. Die 4 Walnußhälften klein hacken und mit den Johannisbeeren unter das Müsli rühren.

Dickmilch-Orangen-Müsli

150 g Dickmilch · 1 TL Öl · 1 EL Leinsamen
1 EL Wasser · 1 EL Weizenkleie · 1 Orange

Den Leinsamen am Abend zuvor mit 1 EL Wasser einweichen. Am nächsten Morgen die Weizenkleie mit dem Leinsamen und dem Öl sowie der geschälten und kleingeschnittenen Orange in die Dickmilch rühren.

Joghurt-Himbeer-Müsli

1 Becher Vollmilchjoghurt · 1 TL Öl
1 EL Leinsamen · 1 EL Wasser · 1 EL Weizenkleie
100 g Himbeeren · 4 Mandeln (ungehäutet)

Den Leinsamen einen Abend zuvor mit dem Wasser einweichen und abgedeckt im Kühlschrank stehenlassen. Am nächsten Morgen Leinsamen, Öl, Weizenkleie und Himbeeren zum Joghurt geben und vorsichtig unterheben. Die Mandeln grob hacken und über das Müsli streuen.

Quark-Kirschen-Müsli

100 g Quark · 2 EL Wasser · 1 EL Leinsamen
1 EL Wasser · 1 EL Weizenkleie · 100 g Süßkirschen

Den Leinsamen am Abend zuvor mit 1 EL Wasser einweichen und abgedeckt in den Kühlschrank stellen. Am nächsten Morgen den Quark mit Wasser, Öl, Leinsamen und Weizenkleie vermischen. Die Kirschen waschen, entsteinen und unter das Müsli heben.

Müsli mit schwarzen Johannisbeeren

½ Becher Hüttenkäse · 1 EL Leinsamen

1 EL Wasser · 1 EL Weizenkleie · 1 TL Öl

100 g schwarze Johannisbeeren

Den Leinsamen abends zuvor mit dem Wasser einweichen und im Kühlschrank quellen lassen. Am nächsten Morgen den Hüttenkäse mit dem eingeweichten Leinsamen, der Weizenkleie, dem Öl und den schwarzen Johannisbeeren vermischen.

Quark-Renekloden-Nuß-Müsli

100 g Quark · 2 EL Wasser · 1 TL Öl

1 EL Leinsamen · 1 EL Wasser · 1 EL Weizenkleie

2 Haselnüsse · 2 Walnüsse · 100 g Renekloden

Leinsamen am Vorabend mit dem EL Wasser einweichen und im Kühlschrank quellen lassen. Am nächsten Tag Quark, Wasser, Öl, den eingeweichten Leinsamen sowie die Weizenkleie miteinander verrühren. Die Renekloden waschen, entsteinen und kleinschneiden. Die Nüsse grob hacken und mit dem Obst zusammen zur Quarkmasse geben; alles miteinander vermischen.

Heidelbeermüsli

1 Becher Vollmilchjoghurt · 1 TL Öl · 1 EL Leinsamen
1 EL Wasser · 1 EL Weizenkleie · 100 g Heidelbeeren

Am Abend zuvor den Leinsamen mit 1 EL Wasser einweichen. Am nächsten Morgen den Joghurt mit dem Öl, dem Leinsamen und der Weizenkleie verrühren, anschließend die Heidelbeeren unterheben.

Traubenmüsli

100 g Quark · 2 EL Wasser · 1 TL Öl · 1 EL Weizenkleie
1 EL Leinsamen · 1 EL Wasser · 100 g rote Weintrauben

Den Leinsamen mit 1 EL Wasser am Vorabend einweichen. Am nächsten Morgen den Quark mit Wasser, Öl, Weizenkleie und dem eingeweichten Leinsamen vermischen. Die Weintrauben waschen, abtropfen lassen und unter das Quarkgemisch ziehen.

Dickmilch-Müsli mit Clementinen

150 ml Dickmilch · 1 TL Öl · 1 EL Weizenkleie
1 EL Leinsamen · 1 EL Wasser · 1 Clementine

Den Leinsamen mit dem EL Wasser einweichen und abgedeckt im Kühlschrank quellen lassen. Am nächsten Morgen die Dickmilch mit Öl, Weizenkleie und Leinsamen verrühren. Die Clementine pellen und ihre Schnitze untermischen.

Stachelbeermüsli

½ Becher körniger Frischkäse · 1 TL Öl

1 EL Weizenkleie · 1 EL Leinsamen · 1 EL Wasser

100 g Stachelbeeren

Am Vorabend Leinsamen mit dem EL Wasser einweichen und über Nacht im Kühlschrank quellen lassen. Am nächsten Morgen den körnigen Frischkäse mit Öl, Leinsamen und Weizenkleie mischen und gut verrühren. Die gewaschenen Stachelbeeren darunterheben.

Frischkornmüsli

Dinkel-Bananen-Müsli

50 g Dinkel · 50 ml Wasser

125 ml Dickmilch · 1 Banane

Am Vorabend 50 g Dinkel grob schroten. Den geschroteten Dinkel mit 50 ml Wasser abgedeckt ca. 10 Stunden im Kühlschrank weichen lassen. Am nächsten Morgen den eingeweichten Dinkel mit dem Einweichwasser zu der Dickmilch geben und verrühren. Eine kleingeschnittene Banane unterheben.

Haferflocken-Pflaumen-Müsli

50 g Hafer oder Vollkornhaferflocken

1 Becher Vollmilchjoghurt

1 TL Öl · 50 g getrocknete Pflaumen · 40 ml Wasser

Am Vorabend die Pflaumen im Wasser einweichen und abgedeckt über Nacht im Kühlschrank stehenlassen.
Am nächsten Morgen mit einer Flockenquetsche den Hafer frisch quetschen oder fertige Vollkornhaferflocken verwenden. Die Pflaumen kleinschneiden und mit dem restlichen Einweichwasser, einschließlich Öl und Vollkornhaferflocken zu dem Joghurt geben. Alles miteinander vermischen.

Weizen-Heidelbeer-Müsli

50 g Weizen · 50 g Wasser · 1 TL Öl

150 g Dickmilch · 1 TL süße Sahne · 150 g Heidelbeeren

Weizen grob schroten und mit 50 ml Wasser einweichen. Abgedeckt über Nacht im Kühlschrank quellen lassen.
Am nächsten Morgen den Weizen mit Sahne, Öl und Dickmilch verrühren. Die Heidelbeeren waschen und vorsichtig unterheben.

Dreikornmüsli

15 g Gerste · 15 g Roggen · 15 g Weizen

50 ml Wasser · 1 TL Öl · 100 g Quark

50 g getrocknete Aprikosen · 40 ml Wasser

Das Getreide grob schroten, in 50 ml Wasser einweichen und über Nacht abgedeckt im Kühlschrank quellen lassen. Die Aprikosen getrennt vom Getreide in 40 ml Wasser einweichen und ebenfalls im Kühlschrank stehenlassen.
Am nächsten Morgen Öl und Quark zum Getreide geben, die eingeweichten Aprikosen kleinschneiden, zufügen und alles miteinander vermischen.

Dinkelflocken-Apfel-Müsli

50 g Dinkel oder Dinkelvollkornflocken

100 g Quark · 1 TL Öl · 50 g getrocknete Äpfel · 40 ml Wasser

Am Abend zuvor die getrockneten Äpfel im Wasser einweichen und über Nacht abgedeckt im Kühlschrank quellen lassen. Morgens die Dinkelkörner mit einer Flockenquetsche frisch quetschen oder fertige Dinkelvollkornflocken zum Quark geben. Die eingeweichten Äpfel in Stücke schneiden und zusammen mit dem Einweichwasser und dem Öl unterrühren.

Gersten-Birnen-Müsli

50 g Gerste · 1 TL Öl · 100 g Quark

2 EL Wasser · 50 g getrocknete Birnen · 40 ml Wasser

Gerste grob schroten, in 50 ml Wasser einweichen und abgedeckt über Nacht im Kühlschrank stehenlassen. Die getrockneten Birnen in 40 ml Wasser einweichen und ebenfalls über Nacht abgedeckt im Kühlschrank quellen lassen. Am nächsten Morgen den Quark mit dem Wasser zum Getreide geben. Das eingeweichte Obst kleinschneiden und mit dem Öl unter das Müsli mischen.

Weizen-Feigen-Müsli

50 g Weizen oder fertige Weizenvollkornflocken

½ Becher Hüttenkäse · 1 TL Öl · 2 frische Feigen

Den Weizen mit einer Flockenquetsche zerquetschen oder fertige Weizenvollkornflocken verwenden. Die Flocken in einer beschichteten Pfanne auf halber Stufe rösten. Die Feigen waschen und in Scheiben schneiden. Den Hüttenkäse mit Öl, den abgekühlten Weizenflocken und den Feigen vermischen.

Hafer-Frischkorn-Müsli

50 g Hafer · 1 TL Öl · 1 Becher Vollmilchjoghurt

50 g getrocknete Datteln · 40 ml Wasser

Die Datteln vom Kern befreien und über Nacht zugedeckt im Wasser weichen lassen. Die Früchte am nächsten Morgen kleinschneiden.

Der Hafer wird wegen seines besonders fetthaltigen Kerns nicht über Nacht eingeweicht, sondern nur frisch verarbeitet.

Den Hafer daher am Morgen erst kurz vor der Zubereitung schroten. Den geschroteten Hafer mit Öl, Datteln und Joghurt vermischen.

Herzhafte Frühstücksvarianten

Weizenkeim-Müsli

40 g Weizen · 40 ml Wasser · 1 TL Öl

20 g Weizenkeimlinge · 1 Becher Vollmilchjoghurt

1 TL saure Sahne · 100 g Möhren

2 EL gehackte Kräuter · 1 Prise Kräutersalz

Den Weizen grob schroten, das Wasser dazugeben und alles zusammen abgedeckt im Kühlschrank stehenlassen.

Am nächsten Morgen Öl, Joghurt, saure Sahne und Weizenkeimlinge (siehe Seite 41 ff.) dazugeben. Die Mohrrübe grob raffeln und alles miteinander vermischen.

Pikantes Müsli mit Gerstenkeimlingen

50 g Gerstenkeimlinge (siehe Seite 41 ff.) · 1 TL Öl
½ Becher Hüttenkäse · 50 g Tomaten · 50 g Paprikaschoten
1 Prise Kräutersalz · 2 EL Kräuter

Gerstenkeimlinge mit Öl zum Hüttenkäse geben. Die Tomate und Paprika waschen und kleinschneiden. Bei der Tomate unbedingt den grünen Strunk herausschneiden und das Gemüse mit einer Prise Kräutersalz und den gehackten Kräutern würzen. Mit dem Hüttenkäse und den Keimlingen vorsichtig vermischen.

Lachsbrötchen

1 Vollkornbrötchen · 40 g Lachs · 1 kleine Tomate
4 Scheiben Salatgurke · 1 Sträußchen Petersilie

Das Vollkornbrötchen in der Mitte aufschneiden, dünn mit Butter bestreichen und den Lachs auf beide Brötchenhälften verteilen. Die Lachsbrötchenhälften auf einem Teller anrichten. Die Tomate waschen, in Viertel schneiden, dabei den grünen Strunk herauslösen. Das Brötchen mit den Gurkenscheiben, den Tomatenvierteln sowie der Petersilie garnieren.

Vollkornbrot mit Kräuterhüttenkäse

1 Scheibe Vollkornbrot · 100 g Hüttenkäse

1 Prise Kräutersalz · 2 EL gehackte Kräuter (evtl. TK-Produkt)

1 EL Kürbiskerne

Hüttenkäse mit den gehackten oder tiefgefrorenen Kräutern und dem Salz vermischen. Die Brotscheibe damit bestreichen. Kürbiskerne grob hacken und über das Kräuter-Käse-Brot streuen.

Dreikornvollkornbrot mit Rinderlachsschinken

1 Scheibe Dreikornvollkornbrot · 1 TL Butter

25 g Rinderlachsschinken · 2 Paprikaschnitze

Mit der Butter das Vollkornbrot bestreichen. Mit Rinderlachsschinken belegen und mit 2 Paprikaschnitzen garnieren.

Vollkornbrot mit Edelpilzkäse

1 Scheibe Vollkorntoastbrot

40 g Edelpilzkäse 60 % Fett i. T. · 4 Walnußhälften

Das Brot toasten. Auf das noch warme Brot den Edelpilzkäse streichen und mit den 4 Walnußhälften garnieren.

Weizenvollkornbrot mit Doppelrahmfrischkäse und Radieschen

1 Scheibe Weizenvollkornbrot

2 TL Doppelrahmfrischkäse · 4 Radieschen

Die Brotscheibe mit dem Doppelrahmfrischkäse bestreichen. Radieschen waschen, schneiden und damit das Käsebrot belegen.

Käsebrötchen

1 Weizenvollkornbrötchen

50 g Camembert (60% Fett i. T.) · 1 Tomate

Das Weizenvollkornbrötchen in der Mitte aufschneiden und mit dem Camembert belegen. Die Tomate in Achtel aufschneiden, dabei den grünen Strunk entfernen und mit dem belegten Brötchen auf einem Teller anrichten.

Vollkornknäckebrot mit Salami

3 Scheiben Vollkornknäckebrot · 3 TL Butter

25 g Putensalami · 3 Scheiben Rettich

Die Knäckebrotscheiben auf der Rückseite mit Butter bestreichen und mit der Putensalami belegen. Mit den Rettichscheiben garnieren.

Vollkornbrot mit Kräuterfrischkäse

1 Scheibe Vollkornbrot · 1 KL italienischer Kräuterfrischkäse

3 Cocktailtomaten · 3 Blätter Basilikum

Die Brotscheibe mit dem Kräuterfrischkäse bestreichen. Die Cocktailtomaten waschen und in der Mitte teilen. Auf einem Teller mit dem Brot anrichten und mit Basilikumblättern garnieren.

Vollkornbrötchen mit Bündnerfleisch

1 Weizenvollkornbrötchen · 1 TL Butter

15 g Bündnerfleisch · 4 Zucchinistreifen

Das Vollkornbrötchen in der Mitte teilen, mit der Butter bestreichen und mit dem Bündnerfleisch belegen. Auf einen Teller geben und mit 4 Zucchinistreifen garnieren.

Walnußvollkornbrot mit Handkäse

1 Scheibe Walnußvollkornbrot · 1 TL Butter

50 g Handkäse · 2–3 Zwiebelringe

Die Brotscheiben dünn mit Butter bestreichen. Den Handkäse in dünne Scheiben schneiden und das Brot damit belegen, 2–3 Zwiebelringe auf dem Handkäse verteilen.

Mild/süß belegte Frühstücksbrote

Sprossenbrot

1 Scheibe Sonnenblumenvollkornbrot

1 TL Butter · 2 EL Sonnenblumensprossen

Die Brotscheibe mit Butter bestreichen und mit den Sonnenblumensprossen (siehe Seite 41ff.) belegen.

Vollkorntoast mit Feigen-Hüttenkäse

1 Scheibe Vollkorntoastbrot · 30 g Hüttenkäse

1 frische Feige · 1 TL Pistazien

Die Feige in kleine Stücke schneiden, mit einer Gabel zu Mus zerdrücken und mit dem Hüttenkäse vermischen. Das Brot toasten und mit dem Feigen-Hüttenkäse-Mus bestreichen. Die Pistazien klein hacken und über das Brot verteilen.

Bananenbrot

1 Scheibe Haselnußvollkornbrot

1 kleine Banane · 1 TL Haselnüsse

Das Haselnußvollkornbrot toasten. Die Banane längs aufschneiden und damit das noch warme Brot belegen. Die gehackten Haselnüsse über das Bananenbrot verteilen.

Sonnenblumenvollkornbrötchen mit Fruchtquark

1 Sonnenblumenvollkornbrötchen · 100 g Quark

1 EL Wasser · 1 TL Honig · 100 g Heidelbeeren

Den TL Honig in den Quark rühren und die Heidelbeeren unterheben. Eventuell auch 1 EL Wasser zufügen. Bei tiefgefrorenen Heidelbeeren ist die Zugabe des Wassers nicht erforderlich, da man die Auftauflüssigkeit mit verwendet.
Das Brötchen durchschneiden und den Heidelbeerquark gleichmäßig auf die beiden Hälften verteilen.

Weitere Brotbelagsmöglichkeiten entnehmen Sie bitte den folgenden Brotaufstrichen.

Brotaufstriche

Alle Brotaufstriche sind neutral, werden aber selbstverständlich immer den Kohlenhydraten zugeordnet. Die hier aufgeführten Brotaufstriche sind alle 3–4 Tage im Kühlschrank haltbar.

Kräutercreme

50 g Butter · 50 g Magerquark · 1 EL Kräuter (frisch oder TK)
1 TL Kräutersalz · flüssige Pflanzenwürze

Die weiche Butter mit dem Quark, den gehackten Kräutern (evtl. TK-8-Kräutermischung), Kräutersalz und einigen Spritzern Pflanzenwürze mit einem Handrührgerät ca. 2–3 Minuten cremig rühren.

Schafkäsecreme

100 g Schafkäse · 150 g Vollmilchjoghurt
½ rote Paprikaschote · 3 ML Biobin

Die Paprika waschen und kleinschneiden. Den Schafkäse mit Joghurt und der kleingeschnittenen Paprikaschote mit dem Pürierstab zerkleinern. Das Biobin dazugeben und mit dem Handrührgerät 2 Minuten kräftig verrühren.

Möhren-Nuß-Creme

100 g Möhren · 50 g Haselnüsse · 100 g Schmand (Sauerrahm)
25 g Quark · 1 ML Biobin

Die Möhren waschen und ganz fein reiben. Die Haselnüsse fein mahlen. Schmand mit Quark, den feingeriebenen Möhren und den Haselnüssen sowie Biobin mit dem Handrührgerät ca. 2 Minuten cremig rühren.

Mascarponecreme

100 g Mascarpone-Frischkäse · 200 g Magerquark
20 g Pistazien · 50 g Honig · 1 ML Biobin

Die Pistazien grob hacken. Den Mascarpone mit Quark, Honig, Biobin und den gehackten Pistazien mit Hilfe des Handrührgerätes etwa 2 Minuten zu einer Creme schlagen.

Nuß-Mascarpone-Creme

100 g Mascarpone-Frischkäse · 200 g Magerquark
25 g Walnüsse · 2 TL Carobpulver · 1 ML Biobin

Die Walnüsse grob hacken. Den Mascarpone mit Quark, den Walnüssen, Carobpulver und Biobin mit Hilfe eines Handrührgerätes etwa 2 Minuten cremig rühren.

Salate zur Eiweißmahlzeit

Sommersalat

50 g Bataviasalat · 5 Blätter Radicchiosalat
2 Radieschen · 1 Tomate · 1 gelbe Paprikaschote
1 kleine Zwiebel · 1 TL Olivenöl · 1 TL Zitronensaft
1 EL gemischte Kräuter, frisch oder tiefgefroren
1 Knoblauchzehe

Die Knoblauchzehe in der Mitte durchschneiden und damit die Salatschüssel ausreiben. In die Salatschüssel Öl, Salz, Zitronensaft und Kräuter geben und alles miteinander verrühren.
Salat und Gemüse waschen. Den Salat kleinschneiden und schleudern. Die Tomaten in Viertel schneiden, den grünen Strunk entfernen. Radieschen in Scheiben schneiden. Paprika einmal längs durchschneiden, Strunk und Kerne entfernen, die Hälften in feine Streifen, die Zwiebel in dünne Ringe schneiden. Den vorbereiteten Salat und das Gemüse in die Schüssel zur Salatsauce geben und alles miteinander vermischen.

Möhren-Weißkohl-Salat mit Curry

100 g Weißkohl · 100 g Möhren · 1 Zwiebel

1 TL Currypulver · 1 TL Salz · 1 TL Öl · 1 TL Zitronensaft

Aus Öl, Salz, Zitronensaft und Currypulver eine Salatsauce zubereiten. Die Möhren mit einer Gemüsebürste unter fließendem Wasser gründlich schrubben. Obere und untere Enden abschneiden und fein reiben. Die Weißkohlblätter gründlich waschen, schleudern und ebenfalls sehr fein schneiden. Das Gemüse zur Salatsauce geben und alles gut miteinander vermischen.

Bunter Salat

1 Möhre · 1 Paprikaschote

5 Radieschen · 1 kleine Zucchini

1 EL Sonnenblumenkeimlinge (siehe Seite 43)

½ Becher Vollmilchjoghurt · 1 TL Kräuteressig

1 TL Kräutersalz · flüssige Pflanzenwürze

Aus Vollmilchjoghurt, Kräuteressig, -salz und einigen Spritzern Pflanzenwürze eine Salatsauce zubereiten.

Das Gemüse unter fließendem Wasser mit einer Gemüsebürste gründlich waschen, Möhre, Zucchini und Radieschen fein raffeln. Die Paprika in Viertel schneiden, den Stiel und die Kerne entfernen. Die Schote in ganz dünne Streifen schneiden. Das Gemüse mit den Sonnenblumenkeimlingen zur Salatsauce geben und alles miteinander vermischen.

Endiviensalat mit Blumenkohl und Nüssen

50 g Endiviensalat · 100 g Blumenkohl
40 g Haselnüsse · ½ Becher Vollmilchjoghurt
1 TL Kräuteressig · 1 TL Kräutersalz
1 TL getrocknete Salatkräuter

Aus Joghurt, Kräuteressig, -salz und den Salatkräutern eine Sauce zubereiten.
Die Haselnüsse grob hacken. Den Salat waschen, schleudern und kleinschneiden. Den Blumenkohl waschen, in kleine Röschen zerteilen und mit dem Salat und den gehackten Nüssen sowie der Sauce vermischen.

Radieschensalat

1 Bund Radieschen · 1 Bund Frühlingszwiebeln
100 g Champignons · 1 EL Alfalfakeimlinge (siehe Seite 43)
1 Knoblauchzehe · 1 TL Öl · 1 TL Zitronensaft
1 TL Kräutersalz · flüssige Pflanzenwürze

Die Knoblauchzehe in der Mitte durchschneiden und damit die Salatschüssel ausreiben. Aus Öl, Zitronensaft, Kräutersalz und der Pflanzenwürze eine Salatsauce zubereiten.
Radieschen, Frühlingszwiebeln und Champignons putzen und waschen. Anschließend das Gemüse in dünne Scheiben schneiden. Das Gemüse mit Alfalfakeimlingen und Salatsauce vermischen.

Brokkolisalat mit Kokosflocken

250 g Brokkoli · 1 EL Kokosflocken
½ Becher Vollmilchjoghurt
1 TL Kräuteressig · 1 TL Kräutersalz

Aus dem Joghurt mit Kräuteressig und -salz eine Salatsauce zubereiten.
Den Brokkoli putzen, waschen und in kleine Röschen zerteilen. Die Stengel ganz fein raffeln. Das Gemüse mit den Kokosflocken und der Salatsauce vermischen.

Tomatensalat

250 g Tomaten · 100 g körniger Frischkäse
6 schwarze Oliven · 1 TL Olivenöl · 1 TL Kräuteressig
1 TL Kräutersalz · flüssige Pflanzenwürze · 1 EL Kresse

Aus Olivenöl, Kräuteressig und -salz sowie der Pflanzenwürze eine Salatsauce herstellen.
Tomaten waschen, in Achtel schneiden und dabei den grünen Strunk entfernen. Die Oliven entsteinen. Oliven und Tomaten mit der Salatsauce mischen. Den körnigen Frischkäse darüber verteilen und den Salat mit der Kresse garnieren.

Suppen zur Eiweißmahlzeit

Die beste Grundlage für Suppen ist immer eine Gemüsebrühe. Bei Zeitmangel können Sie auf Gemüsebrühwürfel oder granulierte Gemüsebrühe zurückgreifen.
Hier das Rezept zur Herstellung einer »richtigen« Gemüsebrühe:

Gemüsebrühe

1 Zwiebel · 250 g Sellerie · 250 g Lauch
250 g Möhren · 250 g Wirsing · 2 l Wasser · 5 Korianderkörner
1 Bund Liebstöckel · 1 Bund Petersilie

Das Gemüse putzen, waschen und kleinschneiden. Die Zwiebel schälen und hacken. Die Kräuter waschen und fein hacken. Sämtliche Gemüse mit Wasser, Kräutern und Koriander zum Kochen bringen und auf kleinster Stufe ca. 2 Stunden köcheln lassen. Die Gemüsebrühe abseien. Brühe, die nicht gleich verbraucht wird, kann portionsweise eingefroren werden.

Zwiebelsuppe

100 g Zwiebeln · 150 ml Gemüsebrühe

einige Tropfen flüssige Pflanzenwürze

25 g geriebener Emmentaler-Käse

Die Zwiebeln schälen, in dünne Scheiben schneiden und mit der Gemüsebrühe zum Kochen bringen. Bei mittlerer Hitze ca. 15 Minuten garen. Mit einigen Tropfen Pflanzenwürze abschmecken. Die Suppe in eine ofenfeste Suppentasse umfüllen und mit dem geriebenen Käse bestreuen. Im vorgeheizten Backofen oder im Grill überbacken. Der Käse darf nicht braun werden, sondern sollte nur verlaufen.

Spinatsuppe

150 g TK-Spinat, püriert

1 Knoblauchzehe · 150 ml Gemüsebrühe · 50 g Krabben

1 Prise Salz · 1 Prise Muskatnuß

1 Spritzer flüssige Pflanzenwürze · 1 Tupfer Sahne

Die Knoblauchzehe schälen und durch eine Knoblauchpresse drücken. In einen Topf mit 1 EL Gemüsebrühe geben. Die Knoblauchzehe darin andünsten. Mit der restlichen Gemüsebrühe ablöschen und den tiefgefrorenen Spinat dazugeben. Auf mittlerer Stufe ca. 10 Minuten köcheln, die Krabben zufügen und weitere 5 Minuten ziehen lassen. Mit Salz, Muskat sowie der Pflanzenwürze abschmecken. Die Suppe nicht mehr kochen lassen, in einen Teller füllen und mit einem Sahnetupfer garnieren.

Tomatensuppe

4 Tomaten · 1 Zwiebel · 1 Knoblauchzehe

150 ml Gemüsebrühe · 1 Prise Salz · 1 TL gehackter Oregano

1 TL zerriebener Thymian · 1 TL Crème fraîche

2 Basilikumblätter

Die Tomaten waschen, 1 Minute in kochendes Wasser halten und enthäuten. Die Zwiebel und den Knoblauch schälen. Die Zwiebel klein hacken und die Knoblauchzehe pressen. In einem Topf mit 1 EL Gemüsebrühe glasig dünsten, mit der restlichen Brühe löschen, die geschälten Tomaten, Thymian sowie Oregano dazugeben und ca. 10 Minuten bei mittlerer Hitze köcheln lassen. Mit dem Pürierstab die Suppe pürieren. Die Crème fraîche einrühren und mit einer Prise Salz abschmecken. Die Suppe mit den Basilikumblättern garnieren.

Suppen zur Kohlenhydratmahlzeit

Brokkoli-Rahm-Suppe

250 g Brokkoli · 1 Zwiebel · 1 Knoblauchzehe
150 ml Gemüsebrühe · 1 Prise Salz
1 Spritzer flüssige Pflanzenwürze · 1 Sahnetupfer
1 KL gehackte Pinienkerne

Den Brokkoli waschen und in Röschen teilen, Strunk und Stiele kleinschneiden.
Die Zwiebel und die Knoblauchzehe schälen, die Zwiebel kleinschneiden, die Knoblauchzehe pressen. In einem Topf mit 1 EL Gemüsebrühe glasig dünsten und mit der restlichen Brühe löschen. Den Brokkoli dazugeben und alles ca. 10 Minuten garen. Einige Brokkoliröschen herausnehmen und beiseite legen. Das Gemüse mit dem Pürierstab zerkleinern, mit einer Prise Salz und Pflanzenwürze abschmecken. Die Brokkoliröschen wieder in die Suppe geben, diese mit einem Sahnetupfer garnieren und mit den Pinienkernen bestreuen.

Lauchsuppe

1 Stange Lauch · 1 Bund Suppengrün

150 ml Gemüsebrühe · 1 TL saure Sahne

25 g Putenlachsfleisch · 1 Prise Salz

1 Spritzer flüssige Pflanzenwürze

Den Lauch waschen und in Ringe schneiden. Das Suppengrün waschen und kleinschneiden. Mit der Gemüsebrühe zum Kochen bringen und bei mittlerer Hitze ca. 10 Minuten garen. Einige Lauchringe aus der Suppe nehmen und beiseite legen. Das Gemüse mit dem Pürierstab zerkleinern. Mit Pflanzenwürze und einer Prise Salz abschmecken, die saure Sahne unterrühren. Das in feine Streifen geschnittene Putenlachsfleisch sowie die beiseite gelegten Lauchringe vorsichtig unterheben.

Nudelsuppe

1 Bund Suppengrün · 150 ml Gemüsebrühe

15 g Fadenvollkornnudeln ohne Ei

1 Spritzer flüssige Pflanzenwürze

einige Zweige glatte Petersilie

Das Suppengrün waschen, kleinschneiden und in die kochende Gemüsebrühe geben. Abgedeckt bei mittlerer Hitze ca. 5 Minuten köcheln. Dann die Fadenvollkornnudeln dazugeben und alles zusammen weitere 5 Minuten garen. Mit Pflanzenwürze abschmekken. Die Petersilie waschen, klein hacken und über die fertige Suppe streuen.

Grünkernsuppe

1 Zwiebel · 1 Bund Suppengrün

150 ml Gemüsebrühe · 15 g Grünkernmehl · 1 TL saure Sahne

1 Prise Salz · 1 Tropfen flüssige Pflanzenwürze

einige Zweige frischer Kerbel

Das Suppengrün waschen und kleinschneiden.
Die Zwiebel schälen und fein würfeln. Mit 1 EL Gemüsebrühe glasig dünsten und mit der restlichen Brühe ablöschen. Das kleingeschnittene Suppengrün dazugeben und alles ca. 5 Minuten kochen. Die Suppe etwas abkühlen lassen und noch warm mit dem Pürierstab zerkleinern. Danach wieder zum Kochen bringen und den gemahlenen Grünkern in die kochende Gemüsesuppe einrühren. Bei mittlerer Hitze 3 Minuten kochen. Mit der Prise Salz und einigen Spritzern Pflanzenwürze abschmecken. Die Suppe von der Herdstelle nehmen und die saure Sahne unterrühren. Mit frisch gehacktem Kerbel bestreuen.

Kartoffelsuppe

100 g Kartoffeln · 50 g Pfifferlinge

1 Bund Suppengrün · 1 Zwiebel · 150 ml Gemüsebrühe

1 TL Crème fraîche · 1 Prise Salz · 1 Prise Muskatnuß

Das Suppengrün waschen und kleinschneiden. Die Pfifferlinge putzen. Die Kartoffel mit einer Gemüsebürste unter fließendem Wasser gründlich abbürsten. Die Zwiebel schälen und hacken. In einem Topf mit 1 EL Gemüsebrühe glasig dünsten. Die restliche Gemüsebrühe sowie die kleingeschnittene Kartoffel und das zerkleinerte Suppengemüse zufügen. Alles ca. 20 Minuten kochen. Die Suppe etwas abkühlen lassen, dann mit dem Mixstab pürieren. Nochmals erhitzen, die Pfifferlinge dazugeben und 5 Minuten köcheln lassen. Die Suppe von der Herdplatte nehmen und mit Salz und Muskat abschmecken. Die Crème fraîche unterrühren und servieren.

Gemüse-Weizenkeim-Suppe

100 g TK-Mischgemüse · 150 g Gemüsebrühe

100 g Weizenkeimlinge (siehe Seite 43)

1 Spritzer flüssige Pflanzenwürze · 1 EL gehackte Kräuter

Das tiefgefrorene Mischgemüse mit der Gemüsebrühe zum Kochen bringen und ca. 15 Minuten bei mittlerer Hitze kochen. Die Weizenkeimlinge dazugeben und mit einigen Spritzern Pflanzenwürze abschmecken. Die Suppe abgedeckt noch 4 Minuten auf ausgeschalteter Herdplatte ziehen lassen, dann mit 1 EL gehackter Kräuter bestreuen.

Salate als Eiweiß-Hauptmahlzeit

Bunter Gemüsesalat

100 g Brokkoliröschen · 100 g Blumenkohlröschen
100 g Möhren · 100 g Erbsen · 1 KL Gemüsebrühe
5 EL Wasser · 1 Zwiebel · 100 g gekochter Schinken
1 TL Sonnenblumenöl · 1 TL Kräuteressig · 1 TL Kräutersalz

Brokkoli-, Blumenkohlröschen und Möhrenscheiben mit 3 EL Wasser und der granulierten Gemüsebrühe zum Kochen bringen. Bei mittlerer Hitze 3 Minuten dünsten. Die Erbsen mit 2 EL Gemüsebrühe zum Kochen bringen, bei mittlerer Hitze in ca. 10 Minuten gar dünsten; das Gemüse sollte noch Biß haben. Abkühlen lassen.

Die Zwiebel fein hacken und mit dem Öl, dem Essig und dem Kräutersalz eine Salatsauce herstellen. Den Schinken in kleine Stücke schneiden, mit dem abgekühlten Gemüse und der Sauce mischen.

Eichblattsalat mit Krabben

50 g Eichblattsalat · 100 g Champignons

100 g Gurke · 100 g Krabben · 1 Mandarine

1 EL Weizensprossen (siehe Seite 43)

½ Becher Vollmilchjoghurt · 1 TL Crème fraîche

1 TL Zitronensaft · 1 TL Currypulver

1 TL Kräutersalz · 1 TL Dill

Den Joghurt mit der Crème fraîche, Zitronensaft, Currypulver und Kräutersalz vermischen.
Den Salat, die Champignons und die Gurke waschen. Die Salatblätter schleudern und kleinschneiden. Die Gurke in der Mitte durchteilen. Die Kerne entfernen und die Gurke in halbrunde Scheiben schneiden. Die Champignons ebenfalls in Scheiben schneiden. Die Mandarine schälen und in einzelne Schnitze teilen. Das Gemüse mit dem Salat, den Krabben und den Mandarinenschnitzen zur Salatsauce geben und alles miteinander vermischen. Mit dem kleingehackten Dill überstreuen.

Herbstsalat

100 g blaue Weintrauben · 100 g weiße Weintrauben

50 g Walnüsse · je 1 rote und grüne Paprikaschote

100 g mittelalter Gouda · 1 Bund Estragon

1 TL Sonnenblumenöl · 1 TL Zitronensaft · 1 Prise Salz

Den Estragon klein hacken. Aus Öl, Salz, Estragon und Zitronensaft eine Salatsauce herstellen.

Die Weintrauben entkernen, besser jedoch gleich kernlose Weintrauben kaufen! Paprika waschen und den Stiel sowie die Kerne entfernen. Die Schoten kleinschneiden. Walnüsse grob hacken, 2 Walnußhälften zur Garnierung zurücklassen. Den Käse in kleine Würfel schneiden, mit den grob gehackten Walnüssen, den Weintrauben und dem Paprika zur Salatsauce geben und miteinander vermischen.

Chicoréesalat mit Roastbeef

2 Stangen Chicoréesalat · 4 Cocktailtomaten

100 g Roastbeef, dünn geschnitten · ½ Becher Vollmilchjoghurt

20 g Roquefortkäse · 1 TL Zitronensaft

1 Prise Salz · 1 EL gehackte Petersilie

Den Roquefortkäse mit einer Gabel zerdrücken, Joghurt, Zitronensaft sowie Salz zufügen und gut miteinander vermischen.
Den Chicoréesalat waschen, schleudern und kleinschneiden. Die Cocktailtomaten vierteln, den grünen Strunk herausschneiden. Die Roastbeefscheiben in Streifen schneiden. Fleisch, Salat und Tomatenviertel zur Salatsauce geben und alles miteinander vermischen.

Grüner-Bohnen-Salat mit Rindfleisch

300 g grüne Bohnen · 4 EL Wasser
1 TL Gemüsebrühe · 1 rote Peperoni · 1 Zwiebel
100 g Rinderbraten, dünn aufgeschnitten
1 Knoblauchzehe · 1 TL Sonnenblumenöl · 1 TL Kräuteressig
1 TL Kräutersalz · 1 TL Bohnenkraut

Prinzeßbohnen waschen und putzen. Das Wasser mit der Gemüsebrühe und den Bohnen zum Kochen bringen und auf halber Stufe ca. 12 Minuten garen. Nach dem Abkühlen die Bohnen in ca. 5–6 cm große Stücke schneiden. Die Peperoni waschen, den grünen Stiel und die Kerne entfernen. Die Schote in ganz feine Ringe schneiden.
Den kalten Rinderbraten (am besten fertig beim Metzger als Aufschnitt gekauft) in Streifen schneiden. Die Zwiebel fein hacken. Aus Öl, zerdrückter Knoblauchzehe, Salz, Essig und dem kleingehackten Bohnenkraut eine Salatsauce herstellen. Bohnen, Peperoni und Fleisch mit der Sauce vermischen.

Geflügelsalat

50 g Romanasalat · 2 Kiwis · 100 g Putenfleisch
30 g Mandeln · ½ Becher körniger Frischkäse
1 TL Crème fraîche · 1 TL Zitronensaft · 1 TL Kräutersalz

Das Putenfleisch im Kontaktgrill garen. Wenn es schnell gehen soll, 100 g Putenbrustaufschnitt beim Metzger fertig kaufen. Das

Fleisch in kleine Stücke bzw. Streifen schneiden. Die Mandelblättchen in einer beschichteten Pfanne rösten, abkühlen lassen.
Aus dem körnigen Frischkäse mit Zitronensaft, Kräutersalz und der Crème fraîche eine Salatsauce zubereiten. Den Salat waschen, schleudern und kleinschneiden. Die Kiwis schälen und in Scheiben schneiden.
Fleisch, Obst, Salat und Mandeln mit der Salatsauce vermischen.

Spargelsalat

400 g Spargel · ½ l Wasser · 1 TL Gemüsebrühe
1 Ei · 50 g gekochter Schinken · 1 Avocado
½ Becher Vollmilchjoghurt · 1 TL Kräuter-Crème fraîche
1 TL Zitronensaft · 1 TL Kräutersalz
1 EL gehackte Kräuter

Den Spargel waschen und vom Kopf zum Ende hin schälen. Holzige Enden abschneiden. Mit dem Wasser und der granulierten Gemüsebrühe zum Kochen bringen, in ca. 20 Minuten gar dünsten. Abkühlen lassen und in ca. 4–5 cm große Stücke schneiden. Das Ei hart kochen, abschrecken und pellen. Nach dem Abkühlen in Viertel teilen. Die Avocado schälen, halbieren, entsteinen und in Scheiben schneiden.
Aus dem Joghurt, der Kräuter-Crème fraîche, dem Zitronensaft, dem Kräutersalz und den gehackten Kräutern eine Salatsauce zubereiten.
Die Spargel- und Avocadostücke zur Salatsauce geben und alles vorsichtig unterheben. Den Spargelsalat mit den Eivierteln garnieren.

Fleischlose Eiweißgerichte

Überbackener Spargel

300 g Spargel · ½ l Wasser · 1 Prise Salz
1 KL Gemüsebrühe · 1 TL süße Sahne · 1 Eigelb
1 ML Biobin · 1 Prise Salz
30 g Gorgonzola-Käse · 1 Prise Muskat

Den Spargel waschen und vom Kopf zum Spargelende hin schälen, holzige Enden abschneiden. Den Spargel im Wasser mit 1 Prise Salz zum Kochen bringen und bei mittlerer Hitze ca. 20 Minuten garen.

Den Backofen auf 200 Grad vorheizen.

⅛ l Wasser zum Kochen bringen und mit 1 ML Biobin binden. Den Gorgonzola-Käse dazugeben und gut umrühren.

Das Eigelb mit der Sahne verquirlen und unter Rühren die Sauce damit legieren. Nicht mehr kochen! Mit Gemüsebrühe, 1 Prise Salz und geriebener Muskatnuß würzen. Mit einem Fettpinsel eine Auflaufform einfetten und den gut abgetropften Spargel hineinlegen. Die Sauce darüber verteilen und das Gericht ca. 10 Minuten überbacken.

Auberginenpfanne

300 g Auberginen · 2 Tomaten
100 g Champignons · 1 Zwiebel · 1 Knoblauchzehe
5 g Kokosfett · 1 TL Kräuter der Provence
1 Prise Salz · ½ TL Curry

Das Gemüse waschen, die Auberginen in Würfel und die Champignons in Scheiben schneiden. Die Tomaten kurz mit kochendem Wasser überbrühen und schälen.
In einer beschichteten Pfanne das Kokosfett erhitzen und die kleingehackte Zwiebel sowie die zerdrückte Knoblauchzehe darin glasig dünsten. Auberginen und Champignons zugeben, mit den Kräutern, dem Currypulver und einer Prise Salz würzen und zugedeckt bei mittlerer Hitze 5–10 Minuten schmoren. Die Tomaten in Viertel teilen, zum Gemüse geben und bei abgeschalteter Herdplatte zugedeckt weitere 2 Minuten ziehen lassen.

Gefüllte Zucchini

2 Zucchini · 1 EL Quark · 1 kleine Zwiebel
1 TL Paprikapulver · 1 Prise Salz · 1 TL süße Sahne
40 g Parmesankäse

Die Zucchini waschen und längs durchteilen. Mit einem Löffel das Innere aushöhlen und klein hacken. Die Zwiebel ebenfalls fein würfeln und mit dem gehackten Gemüse in eine Schüssel geben. Quark, Sahne und den Parmesankäse zufügen, alles gut miteinander vermischen. Mit Paprikapulver und Salz abschmecken. Die Zucchinihälften in eine gefettete Auflaufform setzen und mit dem Gemisch füllen. Im vorgeheizten Backofen bei 200 Grad ca. 20 Minuten backen.

Gefüllte Tomaten

3 Tomaten · 60 g Möhren · 1 Zwiebel

5 g Kokosfett · 50 g Sonnenblumenkeimlinge (siehe Seite 43)

1 EL Quark · 20 g Parmesankäse · 1 Prise Salz

1 TL Paprikapulver · 1 Bund Basilikum

Das Gemüse waschen. Das Innere der Tomaten mit einem Löffel herausnehmen und in eine Schüssel geben. Die feingeraffelte Möhre, die gehackte Zwiebel sowie das kleingeschnittene Basilikum (3 ganze Blätter zur Garnierung zurückbehalten), den Quark, den Parmesankäse, die Sonnenblumenkeimlinge, Salz und Paprikapulver zugeben und alles miteinander vermischen. Mit dieser Mischung die Tomaten füllen. Eine Auflaufform mit dem Kokosfett einpinseln und die gefüllten Tomaten in die Auflaufform setzen. Im vorgeheizten Backofen bei 200 Grad ca. 20 Minuten garen. Mit Basilikumblättern garnieren.

Überbackene Austernpilze

200 g Austernpilze · 1 Zwiebel

100 g Sojakeimlinge (siehe Seite 43)

30 g Walnüsse · 30 g Gorgonzola-Käse

1 TL Crème fraîche · 1 Prise Kräutersalz

Eine beschichtete Pfanne mit einem Kokosfettpinsel ausstreichen. Die feingehackte Zwiebel darin glasig dünsten. Die gewaschenen Austernpilze sowie die Sojakeimlinge dazugeben und mit einer Prise Kräutersalz abschmecken.

Zugedeckt ca. 3 Minuten bei mittlerer Hitze schmoren. Die Crème fraîche daruntermischen.
Das Gemüse in eine gefettete Auflaufform geben, mit den grobgehackten Walnüssen bestreuen. Den Gorgonzola darüber verteilen und alles im vorgeheizten Backofen bei 200 Grad ca. 10 Minuten garen.

Überbackener Fenchel

1 Fenchelknolle · 1/8 l Wasser · 1 KL Gemüsebrühe

50 g Dinkelkeimlinge (siehe Seite 43) · 1 TL Crème fraîche

25 g Greyerzer Käse · 1 ML Biobin

Die Fenchelknolle waschen, putzen und in Scheiben schneiden. Mit dem Wasser und der Gemüsebrühe zum Kochen bringen und bei mittlerer Hitze ca. 5 Minuten dünsten.
Das Gemüse herausnehmen, mit dem Biobin binden, die Crème fraîche und den geriebenen Käse unterrühren. Eine Auflaufform mit einem Kokosfettpinsel ausstreichen und das Fenchelgemüse mit den Dinkelkeimlingen hineinlegen. Die Käsesauce darüber verteilen.
Im vorgeheizten Backofen bei 200 Grad ca. 15 Minuten überbacken.

Gemüseauflauf

1 Zucchini · 100 g Mais · 100 g Erbsen
100 g Möhren · 4 EL Wasser · 1 KL Gemüsebrühe
1 TL Kräuter-Crème-fraîche · 1 Ei · 1 Prise Muskatnuß
15 g Mandelblättchen · 25 g Emmentaler

Das Gemüse waschen und putzen. Möhren und Zucchini in dünne Scheiben schneiden. Möhren, Erbsen und Mais mit dem Wasser und der granulierten Gemüsebrühe zum Kochen bringen, auf unterster Stufe ca. 4 Minuten garen, dann die Zucchinischeiben zufügen und weitere 2 Minuten dünsten.
Das Gemüse herausnehmen und in eine eingefettete Auflaufform geben. Das Ei und die Crème fraîche miteinander verquirlen und in die noch heiße, jedoch nicht kochende Gemüsebrühe einrühren, mit einer Prise Muskat abschmecken. Den kleingehackten Käse ebenfalls einrühren. Die Käsesauce über dem Gemüse verteilen und mit Mandelblättchen bestreuen.
Im vorgeheizten Backofen bei 200 Grad ca. 20 Minuten überbacken.

Spargelomelett

200 g Spargel · ⅛ l Wasser · 2 KL Gemüsebrühe
2 ML Biobin · 1 EL gehackte Kräuter nach Geschmack
1 TL Butter · 2 Eier · 1 Prise Salz · 1 EL Wasser
1 TL süße Sahne · 5 g Kokosfett

Den Spargel waschen und vom Kopf zum Ende hin schälen, die holzigen Enden entfernen. Den Spargel im Wasser mit der granu-

lierten Gemüsebrühe zum Kochen bringen und 15–20 Minuten bei mittlerer Hitze garen. Das Gemüse herausnehmen und die Brühe mit Biobin binden. Den Spargel in die Sauce zurücklegen. Die Butter und die gehackten Kräuter darüber verteilen.
Die Eier mit Wasser, Sahne und einer Prise Salz verquirlen. In einer beschichteten Pfanne das Kokosfett erhitzen, die Eiermischung hineingießen und von beiden Seiten etwa 3 Minuten bakken. Das Omelett mit dem Spargel einschließlich der Sauce füllen und zur Hälfte umklappen. Auf einem vorgewärmten Teller servieren.

Gemüsetopf

Für 2 Personen:
150 g Brokkoli · 150 g Kohlrabi · 150 g Möhren
100 g Erbsen · 100 g Prinzeßbohnen · ⅛ l Gemüsebrühe
1 Msp Kräutersalz · 1 EL gehackte Kräuter
1 ML Biobin · 2 TL Kräuter-Crème fraîche
20 g Kürbiskerne · 20 g Emmentaler

Das Gemüse waschen und putzen. Brokkoli in Röschen zerteilen. Kohlrabi und Möhren in Stifte schneiden. Die Bohnen in der Gemüsebrühe zum Kochen bringen und 10 Minuten bei mittlerer Hitze garen. Danach das restliche Gemüse dazugeben und weitere 8–10 Minuten garen. Das Gemüse herausnehmen und auf einer Platte warm stellen. Die Sauce mit dem Biobin binden. Kräuter-Crème fraîche und die gehackten Kräuter einrühren. Das Gemüse mit der Sauce übergießen. Die Kürbiskerne grob hacken und über das Gericht streuen.

Südlicher Gemüseeintopf

Für 2 Personen:

1 Aubergine · 1 Zucchini · 1 gelbe Paprikaschote

2 Tomaten · 1 Peperoni · 4 Oliven · 1 Zwiebel

1 Knoblauchzehe · 2 EL Wasser

2 TL granulierte Gemüsebrühe · 1 TL Olivenöl

1 TL Kräuter der Provence

1 Prise Vollmeersalz · 50 g Schafkäse

Das Gemüse waschen, putzen und kleinschneiden. Die feingehackte Zwiebel mit der Knoblauchzehe und 2 EL Wasser dünsten, dann das Gemüse dazugeben, mit etwas granulierter Brühe bestreuen und zum Kochen bringen. Bei mittlerer Hitze ca. 5 Minuten dünsten. Die Kräuter, 1 Prise Salz, das Olivenöl sowie die Oliven und den kleingehackten Schafkäse zufügen, alles miteinander vermischen und zugedeckt auf abgestellter Herdplatte weitere 2 Minuten ziehen lassen.

Überbackener Blumenkohl mit Nüssen

1 kleiner Blumenkohl · 1/8 l Wasser

2 KL Gemüsebrühe · 1 Bund Kerbel · 1 ML Biobin

1 TL Butter · 50 g Cashewnüsse · 50 g mittelalter Goudakäse

1 EL gehackte Kräuter nach Geschmack

Den Blumenkohl waschen und putzen, im Wasser mit der granulierten Gemüsebrühe zum Kochen bringen und ca. 20 Minuten garen. Anschließend den Blumenkohl in eine gefettete Auflaufform legen. Die Gemüsebrühe mit dem Biobin binden. Zwei Drittel der gehackten Nüsse, den geriebenen Käse sowie die Kräuter dazugeben und alles miteinander vermischen. Die Käsesauce über den Blumenkohl gießen und die restlichen Nüsse darüberstreuen. Alles im vorgeheizten Backofen bei 200 Grad ca. 20 Minuten backen.

Pilzomelett

2 Eier · 1 TL Salz · 1 EL Wasser

1 TL süße Sahne · 5 g Kokosfett · 75 g Champignons

75 g Pfifferlinge · 75 g Austernpilze · 1 EL Wasser

1 EL gehackte Kräuter · 1 Prise Kräutersalz

1 TL Crème fraîche

Die Pilze waschen, putzen, mit 1 EL Wasser in einem Topf erhitzen und 3 Minuten dünsten. Gehackte Kräuter sowie 1 Prise Kräutersalz und die Crème fraîche dazugeben. Alles miteinander verrühren und abgedeckt auf ausgeschalteter Platte stehenlassen.
Die Eier, Salz, Wasser, Sahne (oder 1 EL Milch) miteinander verquirlen. In einer beschichteten Pfanne das Kokosfett erhitzen und das Omelett bei geringer bis mittlerer Hitze von beiden Seiten ca. 3 Minuten backen. Mit der Pilzmischung füllen und auf einen vorgewärmten Teller gleiten lassen.

Omelett mit Zimtpflaumen

200 g Pflaumen · 1 EL Wasser · 1 TL Zimt
1 EL Kokosflocken · 2 Eier · 1 EL Wasser
1 TL süße Sahne · 5 g Kokosfett

Die Pflaumen waschen und entsteinen. Mit 1 EL Wasser und Zimt zum Kochen bringen und zugedeckt bei mittlerer Hitze ca. 10 Minuten dünsten.
Die Eier mit Wasser und Sahne verquirlen. In einer beschichteten Pfanne das Kokosfett erhitzen und die Eiermischung von beiden Seiten ca. 3 Minuten backen. Das Omelett darüberklappen, auf einen vorgewärmten Teller gleiten lassen und mit Kokosflocken bestreuen.

Nachspeisen zur Eiweißmahlzeit

Bratäpfel mit Apfelschaum

Für 4 Personen:

4 mittelgroße Äpfel · 50 g ungeschwefelte Rosinen

1 EL Wasser · 50 g Cashewnüsse · 100 ml Apfelsaft · 1 Ei

Die Rosinen etwa 1 Stunde im Wasser weichen lassen.
Die Äpfel waschen, das Kerngehäuse mit einem Ausstecher entfernen und rechts und links davon zusätzlich noch etwas Apfelfleisch herausnehmen. Dieses Fruchtfleisch mit den eingeweichten Rosinen und den Nüssen mit einem Pürierstab zerkleinern. Eine Auflaufform mit einem Kokosfettpinsel ausstreichen und die Äpfel hineinsetzen. Die Früchte mit der Nuß-Rosinen-Mischung füllen und im vorgeheizten Backofen bei 200 Grad 20 Minuten backen.
In der Zwischenzeit die Apfelschaumsauce zubereiten: Den Apfelsaft mit dem Ei in einen Topf geben und mit einem Schneebesen auf schwacher bis mittlerer Stufe zu einer Creme schlagen. Dies geschieht, sobald die Creme kocht, aber bitte nur bei Mittelhitze!
Die Bratäpfel auf vorgewärmte Teller geben und gleichmäßig mit der Apfelschaumsauce übergießen.

Obstsalat

1 Kiwi · ¼ Honigmelone · 50 g Himbeeren

50 g blaue Weintrauben · 1 TL Zitronensaft

½ Becher Vollmilchjoghurt

1 TL Crème fraîche · 1 EL Kokosraspeln

Die Kiwi schälen und in Scheiben schneiden. Himbeeren und Weintrauben waschen und abtropfen lassen. Mit einem Kugelausstecher aus der Honigmelone Kugeln herauslösen. Das Obst mit dem Zitronensaft beträufeln und gemischt auf einen Teller geben.
Den Vollmilchjoghurt mit der Crème fraîche mischen und als Klacks zum Obst geben. Die Kokosraspeln über Obst und Joghurt streuen.

Herbstliche Nachspeise

50 g weiße Trauben · 50 g rote Trauben

1 aromatische Birne, z. B. Williams-Christ

1 EL Zitronensaft · 50 g Walnüsse

½ Becher körniger Frischkäse

½ Becher Vollmilchjoghurt

Das Obst waschen und abtropfen lassen. Die Birne vierteln, dann in dünne, längliche Scheiben schneiden und mit Zitronensaft beträufeln. Eine Glasschale mit Birnenschnitzen auslegen. Den Joghurt mit dem körnigen Frischkäse mischen. Die restlichen Birnenschnitze kleinschneiden und mit den Weintrauben zum Joghurt-

Frischkäse-Gemisch geben. Zwei Drittel der Walnüsse grob hacken und ebenfalls zufügen. Alles miteinander vermischen und in die Glasschale füllen. Mit den restlichen Walnußhälften garnieren.

Gefüllte Melone

Für 2 Personen:

1 kleine Netzmelone · 100 g Himbeeren

100 g schwarze Johannisbeeren · 100 g Stachelbeeren

1 EL Zitronensaft · 2 Sahnetupfer · 1 TL Pistazien

Die Netzmelone waschen. In der Mitte teilen, die Kerne mit einem Löffel entfernen und das Melonenfleisch mit einem Kugellöffel heraushöhlen.

Das Beerenobst waschen und abtropfen lassen. Zusammen mit den Melonenkugeln in eine Schüssel geben und mit Zitronensaft beträufeln. Das gemischte Obst in die Melonenhälften füllen. Jeweils einen Sahnetupfer auf das Obst setzen und diesen mit gehackten Pistazienkernen bestreuen.

Gefüllte Birne

Für 2 Personen:

1 große Birne (Williams-Christ oder eine andere weiche Sorte)

150 g Doppelrahmfrischkäse · 50 g Vollmilchjoghurt

2 ML Biobin · 1 TL gehackte Pistazien

Die Birne waschen, in der Mitte teilen und mit einem Kugel- oder Grapefruitlöffel das Innere der Frucht heraushöhlen. Das Birnenfleisch mit dem Frischkäse und dem Joghurt sehr gut pürieren. Es ist wichtig, die Masse gut zu pürieren, da sie sonst in der Tülle hängen bleibt. Die Masse also in eine Spritztülle geben und die Birnenhälften damit füllen. Mit gehackten Pistazienkernen bestreuen.

Nektarinencreme

1 Nektarine · 40 ml Sahne · 100 g Magerquark

1 Eigelb · 1 ML Biobin · 2 Blätter Zitronenmelisse

Die Nektarine waschen und in vier Teile schneiden, den Kern entfernen. Zwei Drittel der Nektarine in ein hohes Gefäß geben, die flüssige Sahne, den Quark und das Biobin dazugeben und mit einem Mixstab alles gut pürieren. In eine Glasschale füllen. Die restliche Nektarine in dünne Schnitze schneiden und die Creme mit den Fruchtstücken und der Zitronenmelisse verzieren. 1 Stunde im Kühlschrank fest werden lassen.

Janas Vanilleeis mit Zimtpflaumen

Für 4 Personen:

40 g Honig · 1 Ei · ½ TL gemahlene Bourbon-Vanille

90 ml süße Sahne · 90 ml Vollmilchjoghurt

250 g Pflaumen · 1 Msp Zimt · 1 EL Wasser

Den Honig mit dem Ei schaumig rühren. Die gemahlene Vanille, die süße flüssige Sahne und den Vollmilchjoghurt dazugeben und alles ca. 4 Minuten mit dem Handrührgerät schaumig schlagen. In einer Schale für 3 Stunden in das Tiefkühlfach stellen. Später mit dem Eisportionierer als Kugeln herausnehmen.
Die Pflaumen waschen, teilen und entsteinen. Einen Topf mit kaltem Wasser ausspülen. Die Pflaumen hineingeben, Zimt und Wasser zufügen und bei mittlerer Hitze zum Kochen bringen. Dann auf unterster Stufe ca. 6 Minuten köcheln lassen.
Die noch lauwarmen Zimtpflaumen über das Vanilleeis geben.

Rote Grütze

Für 6 Personen:

250 g Kirschen · 250 g Erdbeeren · 250 g Johannisbeeren

½ l Wasser · 100 g Honig · 7 ML Biobin

150 ml süße Sahne · ½ TL Bourbon-Vanille, gemahlen

Das Obst waschen. Die Kirschen entsteinen und mit dem Beerenobst, Wasser und Honig zum Kochen bringen. Die Herdplatte ab-

stellen und das Obst noch 2 Minuten zugedeckt stehenlassen. Das Biobin mit einem Lochrührlöffel oder einem Schneebesen einrühren. In eine Glasschale bzw. Portionsschalen füllen und 2 Stunden im Kühlschrank fest werden lassen.
Die Sahne mit der Bourbon-Vanille steif schlagen und mit einer Spritztülle Sahnetupfer auf der roten Grütze verteilen.

Salate zur Kohlenhydratmahlzeit

Eichblattsalat

50 g Eichblattsalat · 5 Champignons
1 Zwiebel · 5 Cocktailtomaten · 1 TL Öl
1 TL Brottrunk · 1 Prise Kräutersalz
1 TL Salatkräuter · 1 Zweig Petersilie

Aus Öl, Brottrunk, Kräutersalz und getrockneten Salatkräutern eine Sauce zubereiten.
Salat, Champignons und Tomaten waschen. Den Salat schleudern und kleinschneiden. Die Champignons in Scheiben schneiden. Die Tomaten halbieren, den grünen Strunk entfernen. Die Zwiebel fein hacken. Die zerkleinerten Zutaten zur Salatsauce geben und alles miteinander vermischen. Mit einem Sträußchen Petersilie garnieren.

Chinakohlsalat

100 g Chinakohl

1 EL Sonnenblumenkeimlinge (siehe Seite 43)

50 g Haselnüsse · ½ Becher Vollmilchjoghurt

1 EL Brottrunk · 1 Prise Kräutersalz

Aus Joghurt, Brottrunk und Kräutersalz eine Salatsauce zubereiten.
Chinakohl waschen, schleudern und in feine Streifen schneiden. Die Haselnüsse grob hacken. Salat, Nüsse und Sonnenblumenkeimlinge zur Sauce geben und mischen.

Friséesalat

100 g Friséesalat · 40 g Walnüsse · ½ Becher Vollmilchjoghurt

1 TL süße Sahne · 40 g Edelpilzkäse (60 % Fett i. T.)

Den Edelpilzkäse mit der süßen Sahne und dem Joghurt leicht erwärmen und mit einem kleinen Schneebesen kräftig verrühren.
Den Salat waschen, schleudern und zerkleinern. 2 Walnußhälften zurückhalten, den Rest grob hacken. Den Salat, die Nüsse und die Sauce miteinander vermischen. Mit den Walnußhälften garnieren.

Rote-Bete-Salat

250 g rote Bete · 1 Zwiebel · 1 EL Kokosflocken

½ Becher Vollmilchjoghurt · 1 TL saure Sahne · 1 EL Brottrunk

1 Prise Kräutersalz · 1 EL gehackte Kräuter

Aus Joghurt, saurer Sahne, Brottrunk und Kräutersalz eine Salatsauce zubereiten. Die Zwiebel sehr klein hacken. Die rote Bete waschen, schälen und fein raffeln. Mit der Zwiebel zur Salatsauce geben, die Kokosflocken und die gehackten Kräuter unterheben.

Feldsalat mit Radicchio

50 g Feldsalat · 5 Blätter Radicchiosalat

1 Scheibe Weizenvollkorntoast · 1 Zwiebel · 1 Knoblauchzehe

1 TL Sonnenblumenöl · 1 EL Brottrunk · 1 Prise Kräutersalz

flüssige Pflanzenwürze · 1 TL Kerbel

Das Öl mit dem Brottrunk, dem Kräutersalz und einigen Spritzern Pflanzenwürze sowie der zerdrückten Knoblauchzehe verrühren.

Das Toastbrot in kleine Würfel schneiden und in einer beschichteten Pfanne ohne Fett rösten.

Den Salat waschen, putzen und schleudern. Die Radicchioblätter zerkleinern und mit Feldsalat, den Zwiebeln und der Sauce mischen. Die gerösteten Brotstücke darüber verteilen.

Möhren-Rettich-Salat

100 g Möhren · 100 g weißer Rettich
1 EL Rettichkeimlinge (siehe Seite 43)
1 EL gehackter Schnittlauch · 100 g Dickmilch
1 EL Brottrunk · 1 Prise Kräutersalz

Aus Dickmilch, Brottrunk und Kräutersalz eine Salatsauce zubereiten.
Möhren und Rettich mit der Gemüsebürste unter fließendem Wasser gründlich reinigen und grob raffeln. Beides mit den Rettichkeimlingen und kleingehacktem Schnittlauch zur Salatsauce geben und mischen.

Radicchiosalat

50 g Radicchiosalat · 1 gelbe Paprikaschote
1 kleine Zucchini · 1 Zwiebel · 1 Knoblauchzehe
1 EL Kürbiskerne · 1 TL Öl · 1 EL Brottrunk
1 TL Kräutersalz · 1 TL Salatkräuter, getrocknet

Die Knoblauchzehe in der Mitte teilen und damit die Salatschüssel ausreiben. Aus Öl, Brottrunk, Kräutersalz und den getrockneten Salatkräutern eine Salatsauce zubereiten.
Salat waschen, schleudern und kleinschneiden. Paprika und Zucchini mit der Gemüsebürste unter fließendem Wasser waschen. Die Zucchini in Scheiben schneiden. Von der Paprika den Stiel

entfernen, die Schote entkernen und in schmale Streifen schneiden. Die Zwiebel klein hacken und mit Gemüse und Salat zur Sauce geben. Den Salat mischen, mit den Kürbiskernen bestreuen.

Weißkohlsalat mit Paprika und Tomaten

100 g Weißkohl · 1 grüne Paprikaschote

1 Tomate · 1 Zwiebel · 1 Knoblauchzehe

1 TL Sonnenblumenöl · 1 EL Brottrunk · 1 TL Kräutersalz

1 TL Paprikapulver · 1 TL Salatkräuter

Mit dem Öl, der zerdrückten Knoblauchzehe, dem Brottrunk, Kräutersalz, Paprikapulver und den Salatkräutern eine Salatsauce zubereiten.

Die Weißkohlblätter waschen, schleudern und sehr klein schneiden. Paprika und Tomate waschen. Tomate in Scheiben schneiden und den grünen Strunk entfernen. Paprika in der Mitte längs teilen, den Stiel und die Kerne entfernen. Die Paprikaschote in Streifen schneiden. Die Zwiebel klein hacken.

Gemüse, Zwiebel und Salatsauce miteinaner mischen.

Lauch-Bananen-Salat

200 g Lauch · 1 Banane · 50 g Rosinen, ungeschwefelt
50 g Mandelblättchen · ½ Becher Vollmilchjoghurt
1 TL Crème fraîche · 1 TL Brottrunk
1 TL Currypulver · 1 Prise Salz

Aus Joghurt, Crème fraîche, Brottrunk, Currypulver und Salz eine Salatsauce zubereiten.
Die Rosinen für ca. 1 Stunde in dem Wasser einweichen. Die Mandeln in einer beschichteten Pfanne ohne Fett rösten und abkühlen lassen. Den Lauch waschen, in ganz schmale Ringe schneiden und in ein Sieb geben. Mit ½ l kochendem Wasser übergießen und gut abtropfen lassen. Die Bananen in Scheiben schneiden. Den blanchierten Lauch, die Bananenscheiben und die abgetropften Rosinen zur Salatsauce geben und alles miteinander vermischen. Mit den gerösteten Mandeln überstreuen.

Salate als Kohlenhydrat-Hauptmahlzeit

Nudelsalat mit Lachs

50 g Vollkornnudeln · ½ l Wasser
2–3 Tropfen Öl · 1 Prise Salz · 200 g TK-Erbsen
2 EL Wasser · 1 TL Gemüsebrühe
100 g Champignons · 100 g geräucherter Lachs
1 EL Sonnenblumenkeimlinge (siehe Seite 43)
½ Becher Vollmilchjoghurt · 1 TL saure Sahne
1 TL Brottrunk · 1 TL Kräutersalz
1 TL gehackte Kräuter

Das Wasser mit einer Prise Salz und ganz wenig Öl zum Kochen bringen und die Nudeln darin bißfest kochen. Abgießen, mit kaltem Wasser nachspülen und abkühlen lassen. Die Erbsen mit 2 EL Wasser und 1 TL granulierter Gemüsebrühe zum Kochen bringen und auf halber Stufe in 8 Minuten garen. Den Lachs in Streifen schneiden. Die Champignons waschen und in Scheiben schneiden.

Aus Joghurt, saurer Sahne, Kräutersalz und Brottrunk eine Salatsauce zubereiten. Nudeln, Champignons, Lachs und Sonnenblumenkeimlinge sowie die gehackten Kräuter dazugeben und alles miteinander vermischen.

Kartoffelsalat mit Matjesfilet

1 mittelgroße Kartoffel (ca. 100 g)
¼ l Wasser · 100 g Salatgurke · 100 g Lauchzwiebeln
100 g Oliven · 100 g Matjesfilet · 2 TL Sonnenblumenöl
1 TL Brottrunk · 1 TL granulierte Gemüsebrühe
1 TL Kräutersalz · flüssige Pflanzenwürze · ½ Bund Dill

Die Kartoffeln mit der Gemüsebürste unter fließendem Wasser gründlich waschen. In einem Topf mit ¼ l Wasser in ca. 25 Minuten garen. Die Kartoffel abkühlen lassen.
Aus dem Öl, Brottrunk, der granulierten Gemüsebrühe, dem Kräutersalz und einigen Tropfen Pflanzenwürze eine Salatsauce zubereiten.
Die Frühlingszwiebeln waschen und kleinschneiden. Die Gurke längs teilen, die Kerne mit einem Kaffeelöffel entfernen und die Gurke in halbrunde Scheiben schneiden. Das Matjesfilet in Streifen schneiden und den Dill klein hacken. Die abgekühlte Kartoffel ebenfalls in Scheiben schneiden.
Kartoffeln, Zwiebeln, Gurke, Matjesfilet und kleingehackten Dill mit der Salatsauce vermischen.

Kartoffelsalat mit Forellenfilet

1 mittelgroße Kartoffel (ca. 100 g)
¼ l Wasser · 1 TL granulierte Gemüsebrühe
50 g Feldsalat · 100 g Forellenfilet, geräuchert · 1 Zwiebel
1 Knoblauchzehe · 2 TL Sonnenblumenöl
1 EL Brottrunk · 1 TL Kräutersalz
1 TL Salatgewürze · 1 EL gehackte Kräuter

Die Kartoffel unter fließendem Wasser mit einer Gemüsebürste säubern und im Wasser mit der Gemüsebrühe in ca. 25 Minuten garen. Anschließend abkühlen lassen und die Kartoffel in Scheiben schneiden. Den Feldsalat putzen, waschen und schleudern. Das Forellenfilet in Stücke schneiden.

Die Zwiebel sehr klein hacken. Die Knoblauchzehe in der Mitte teilen und damit die Salatschüssel ausreiben. Direkt in der Schüssel aus Öl, Brottrunk, Kräutersalz und Salatgewürzen eine Sauce zubereiten. Kartoffelscheiben, Feldsalat, kleingehackte Zwiebel, die Forellenfiletstücke sowie die gehackten Kräuter zur Salatsauce geben und alles miteinander vermischen.

Bunter Reissalat

40 g Vollkornreis · 10 g Wildreis
100 ml Gemüsebrühe · 1 Tomate · 1 Zucchini
1 gelbe Paprikaschote · 1 Möhre · 1 Chicorée
100 g Putenlachsfleisch · ½ Becher Vollmilchjoghurt
1 TL Kräuter-Crème fraîche · 1 TL Brottrunk
1 TL Kräutersalz · 1 TL Paprikapulver
1 EL gehackte Kräuter

Den Vollkornreis mit dem Wildreis zusammen in der Gemüsebrühe zum Kochen bringen, auf unterster Stufe ca. 30 Minuten garen und 15 Minuten auf der abgestellten Herdplatte ausquellen lassen.

Aus Joghurt, Kräuter-Crème fraîche, Brottrunk, Kräutersalz, Paprikapulver und den gehackten Kräutern eine Salatsauce zubereiten.

Den Chicorée waschen, schleudern und in Streifen schneiden. Möhre, Paprika, Zucchini und Tomate ebenfalls waschen, putzen und kleinschneiden. Das Putenlachsfleisch in feine Streifen schneiden, mit dem abgekühlten Reis, dem zerkleinerten Salat bzw. Gemüse und der Sauce vermischen.

Kohlenhydrat-mahlzeiten

Kartoffelgerichte

Brokkoli-Kartoffel-Auflauf

300 g Brokkoli · 2 EL Wasser
granulierte Gemüsebrühe · 5 g Butter · 100 g Kartoffeln
1 Prise Vollmeersalz · 1 Tasse Wasser
50 g Schafkäse

Den Brokkoli waschen, zerteilen und mit 2 EL Wasser und etwas granulierter Gemüsebrühe zum Kochen bringen. Die Hitze auf ½ Stufe reduzieren und das Gemüse 5 Minuten dünsten. Danach die Butter zugeben und vorsichtig umrühren.
Die Kartoffel mit der Gemüsebürste unter fließendem Wasser gründlich schrubben und in Scheiben geschnitten mit einer Prise Vollmeersalz und 1 Tasse Wasser kochen.
Eine kleine Auflaufform mit einem Kokosfettpinsel ausstreichen. Zuerst eine Hälfte des Brokkolis in die Auflaufform geben, dann die Kartoffeln auf das Gemüse schichten und anschließend die zweite Hälfte Brokkoli auf den Kartoffelscheiben verteilen. Den kleingeschnittenen Schafkäse darüberstreuen. Das Gericht im vorgeheizten Backofen bei 220 Grad ca. 15 Minuten überbacken.

Klassisches Spargelgericht

300 g Spargel · 1 Prise Vollmeersalz

½ l Wasser · 1 TL Butter · 1 mittelgroße Kartoffel (ca. 100 g)

¼ l Wasser · 50 g roher Wildschinken

Spargel waschen und mit einem Spargelschäler vom Kopf zum Wurzelende hin schälen, holzige Teile abschneiden. Spargel in einem Topf mit ½ l Wasser und der Prise Salz zum Kochen bringen und auf mittlerer Stufe 20 Minuten garen.
Die Kartoffel mit der Gemüsebürste unter fließendem Wasser gründlich waschen und mit der Schale in ¼ l Wasser kochen.
Auf einem Teller den rohen Wildschinken anrichten. Den gegarten Spargel sowie die Pellkartoffel dazugeben und die Butter mit einem Messer über dem Gemüse verteilen.

Spargel mit Lachs

300 g Spargel · 1 l Wasser · 1 Prise Salz

1 mittelgroße Kartoffel (ca. 100 g)

50 g geräucherter Lachs · 2 TL Butter

Den Spargel waschen und mit einem Spargelschäler vom Kopf zum Wurzelende hin schälen, holzige Teile entfernen. Spargel in einem Topf mit ½ l Wasser und einer Prise Salz zum Kochen bringen und auf mittlerer Stufe ca. 20 Minuten garen.
Wenn der Spargel und die Kartoffel gar sind, die Butter erwärmen, das Gemüse und den geräucherten Lachs auf einem Teller anrichten und die erwärmte Butter über den Spargel geben.

Matjesfilet mit Pellkartoffel und grünen Bohnen

1 mittelgroße Kartoffel (ca. 100 g)

¼ l Wasser · 1 Prise Salz · 250–300 g Prinzeßbohnen

3 EL Wasser · Gemüsebrühe · 1 TL Bohnenkraut

5 g Butter · 1 Matjesfilet · 1 kleine Zwiebel

Die Kartoffel mit einer Gemüsebürste gründlich unter fließendem Wasser abbürsten und mit ¼ l Wasser und einer Prise Salz abkochen (oder mit ⅛ l Wasser im Schnellkochtopf garen).
Die Bohnen waschen und die oberen und unteren Enden abschneiden. Mit 3 EL Wasser und etwas granulierter Gemüsebrühe zuerst zum Kochen bringen, dann auf halber Stufe in 15 Minuten gar dünsten. Kurz vor Beendigung des Garens die Butter und etwas kleingehacktes Bohnenkraut dazugeben.
Das Matjesfilet auf einem Teller anrichten und mit dünnen Zwiebelringen belegen. Das Gemüse und die Pellkartoffel dazulegen.

Bratkartoffeln mit Aal

1 mittelgroße Kartoffel (ca. 100 g)

1 TL Kokosfett · flüssige Pflanzenwürze

1 Prise Vollmeersalz · 1 TL granulierte Gemüsebrühe

1 kleine Zwiebel · 1 TL Majoran

150 g geräucherter Aal · 1 Stengel Dill

Die Kartoffel waschen, schälen und in dünne Scheiben schneiden oder hobeln. In einer beschichteten Pfanne das Kokosfett auslas-

sen und die Kartoffelscheiben darin braten. Eine kleine Zwiebel ganz fein hacken und zugeben, mit Salz, einigen Spritzern Pflanzenwürze, der granulierten Gemüsebrühe und dem feingehackten Majoran würzen.
Den geräucherten Aal auf einem Teller anrichten und mit Dill garnieren, die Kartoffelscheiben dazugeben. Zuvor empfehle ich Ihnen einen Gurkensalat, passend zur Kohlenhydratmahlzeit.

Schafkäsegemüse

1 mittelgroße Kartoffel (ca. 100 g)

gut 1 Tasse Wasser · 150 g Zucchini · 150 g Paprikaschoten

1 Peperoni · 2 EL Wasser · 1 TL Butter · 1 Zwiebel

1 Knoblauchzehe · Gemüsebrühe · Paprikapulver

1 Prise Salz · 50 g Schafkäse

Die Kartoffel waschen und schälen, in Scheiben schneiden und im Wasser gar kochen. Zucchini, Paprika und Peperoni putzen und waschen. Zucchini in Längsstreifen, den Paprika in feine Streifen schneiden. Peperoni und die Zwiebel in ganz dünne Ringe schneiden. Zucchini, Paprika, Zwiebel und Peperoni mit 2 EL Wasser und granulierter Gemüsebrühe zum Kochen bringen, die Hitze auf halbe Stufe reduzieren und 3 Minuten dünsten. Mit einer Prise Salz und Paprikapulver abschmecken.
Die gegarten Kartoffeln zufügen und alles vorsichtig miteinander vermischen. Den zerbröselten Schafkäse über das gegarte Gemüse streuen und abgedeckt bei ausgeschalteter Herdplatte 3–5 Minuten ziehen lassen, so daß der Schafkäse verläuft.

Lachskartoffeln

150–200 g Kartoffeln · 100 g Hüttenkäse

50 g geräucherter Lachs · 1 Prise Salz · etwas Dill

Zwei Kartoffeln gründlich waschen und bürsten. Im Schnellkochtopf garen. Die Kartoffeln mit einem Löffel aushöhlen. Die ausgehöhlte Kartoffelmasse mit dem Hüttenkäse und dem in Streifen geschnittenen Lachs sowie dem kleingeschnittenen Dill mischen, mit einer Prise Salz würzen und die Kartoffeln damit füllen.

Möhren-Kartoffel-Gratin

250–300 g Möhren · 1 mittelgroße Kartoffel (ca. 100 g)

50 g Mozzarella-Käse · ½ Becher Vollmilchjoghurt

1 EL saure Sahne · 1 Eigelb · 1 Prise Salz

geriebene Muskatnuß · 2 TL granulierte Gemüsebrühe

1 Tasse heißes Wasser · 2 EL Petersilie, gehackt

Möhren unter fließendem Wasser gründlich mit der Gemüsebürste abschrubben, ebenso die Kartoffel. Die dünn geschnittenen Möhren- und Kartoffelscheiben schichtweise in eine gefettete Auflaufform geben. Zuerst eine Reihe Möhren, dann Kartoffeln und zum Schluß wieder Möhren.
Die granulierte Brühe in dem heißen Wasser auflösen.
Vollmilchjoghurt mit der sauren Sahne, dem Eigelb, der Gemüsebrühe, dem Salz und etwas geriebener Muskatnuß verquirlen, den kleingehackten Mozzarella dazugeben und über das Gemüse ziehen. Im vorgeheizten Rohr bei 220 Grad ca. 40 Minuten backen.

Saarländischer Dibbelabbes

1 mittelgroße Kartoffel (ca. 100 g)
20 g durchwachsener Speck · 1 Zwiebel
100 g Lauch · 1 Prise Salz

Durchwachsenen Speck oder Schinkenspeck in feine Würfel schneiden und in einer beschichteten Pfanne auslassen. In der Zwischenzeit den Lauch waschen und in ganz feine Ringe schneiden. Kartoffel und Zwiebel schälen, beides fein reiben. Lauch, Kartoffel- und Zwiebelmasse miteinander vermischen, mit Salz, einigen Spritzern Pflanzenwürze abschmecken und zu den ausgelassenen Schinkenspeckwürfeln geben. Unter öfterem Wenden 20–30 Minuten auf mittlerer Stufe braten.

Pellkartoffeln mit Kräuterquark und Forellenfilet

1 mittelgroße Kartoffel (ca. 100 g)
100 g Quark · 2 EL Wasser · 2 EL Kräuter
1 Prise Kräutersalz · 150 g geräuchertes Forellenfilet

Die Kartoffel mit der Gemüsebürste unter fließendem Wasser gründlich waschen und im Schnellkochtopf oder im normalen Topf mit wenig Wasser und einer Prise Salz kochen.

Den Quark mit Wasser, Kräutersalz und den kleingehackten Kräutern anrühren.

Auf einem Teller die geräucherte Forelle, daneben den Kräuterquark und die gegarte Pellkartoffel anrichten.

Rosenkohlauflauf

250–300 g Rosenkohl · 100 g Kartoffeln
1 EL Sonnenblumenkerne · 50 g Wörishofener Schnittkäse
1 Becher Vollmilchjoghurt · 1 TL saure Sahne
granulierte Gemüsebrühe · 1 Prise Salz

Den Rosenkohl waschen, putzen und mit gut 1 Tasse Wasser und 1 TL granulierter Gemüsebrühe zum Kochen bringen. Auf halber Stufe 10 Minuten garen. Die Kartoffeln waschen und ebenfalls mit wenig Wasser und einer Prise Salz fast gar kochen.
Eine kleine Auflaufform mit einem Kokosfettpinsel ausstreichen. Die Kartoffeln in Scheiben schneiden und mit dem Rosenkohl schichtweise in die gefettete Auflaufform geben. Joghurt, saure Sahne sowie den kleingeschnittenen Käse miteinander vermischen und mit etwas Gemüsebrühe abschmecken. Die Masse über den Auflauf ziehen und die Sonnenblumenkerne darüberstreuen. Im vorgeheizten Backofen ca. 20 Minuten bei 200 Grad backen.

Bratkartoffeln mit Pfifferlingen

100 g Kartoffeln · 200 g Pfifferlinge · 1 Zwiebel
50 g Schinkenspeckwürfel · Gemüsebrühe
Kräutersalz · 2 EL gehackte Kräuter

Die Kartoffeln waschen und in dünne Ringe schneiden. Die Schinkenspeckwürfel und die Zwiebel kleinschneiden. In einer beschichteten Pfanne zuerst die Schinkenspeckwürfel anbraten, die Kartoffelscheiben dazugeben und nach 5 Minuten die kleingehackte Zwiebel zufügen. Die Kartoffelpfanne zudecken und bei mittlerer Hitze ca. 10 Minuten braten. In der Zwischenzeit die Pfifferlinge waschen und putzen. Die Pilze zu den Kartoffeln geben und mit Kräutersalz und granulierter Gemüsebrühe abschmecken. Den Deckel jetzt weglassen und unter öfterem Wenden weitere 5 Minuten braten. Die Kräuter hacken und über das Gericht streuen.

Kartoffelpuffer mit Kräuterquark

150 g Kartoffeln · 1 kleine Zwiebel · 1 EL Quark
1 Prise Salz · Gemüsebrühe · 100 g Quark · 1–2 EL Wasser
1 Prise Kräutersalz · 2 EL gehackte Kräuter

Kartoffeln und Zwiebel fein reiben. Die Masse in ein Spitzsieb geben und das Kartoffelwasser in einer Schüssel auffangen. 3–5 Minuten stehenlassen und die Flüssigkeit vorsichtig abgießen. Die am Boden verbleibende Stärke wieder zu der geriebenen Masse in eine Schüssel geben, den Quark zufügen, mit Salz und Gemüsebrühe abschmecken. Mit einem Kokosfettpinsel eine beschichtete Pfanne ausstreichen und die Kartoffelmasse mit einem Löffel als Kartoffelpuffer in die Pfanne geben und abbacken.
100 g Quark mit etwas Wasser, Kräutersalz und den gehackten Kräutern (frisch oder tiefgefroren) zu einem Kräuterquark verrühren.

Bunter Gemüsetopf

100 g grüne Bohnen · 100 g Möhren
100 g Paprika, rot · 100 g Kartoffeln · 100 g Zwiebeln
⅛ l Gemüsebrühe · flüssige Pflanzenwürze · 2 EL Kräuter

Gemüse waschen. Bohnen, wenn nötig, entfädeln und in Stücke schneiden. Möhren in Scheiben schneiden, beim Paprika den Strunk und die Kerne entfernen, in Streifen schneiden. Kartoffeln schälen und in Längsscheiben, die gepellte Zwiebel in Ringe schneiden.
Das gewaschene Gemüse einschließlich der Kartoffeln mit der Gemüsebrühe aufsetzen und 20–25 Minuten garen. Vor dem Anrichten mit etwas Pflanzenwürze abschmecken, Crème fraîche darunterziehen und mit den gehackten Kräutern bestreuen.

Reisgerichte

Paprika-Reis-Pfanne

50 g Naturreis · 125 ml Gemüsebrühe
je 1 rote, gelbe und grüne Paprikaschote · 1 Zwiebel
50 g Sojakeimlinge (siehe Seite 43) · 1 TL Crème fraîche
1 TL Paprikapulver · 1 Prise Salz

Die Gemüsebrühe zum Kochen bringen und den Reis ca. 30 Minuten bei schwacher Hitze darin garen.
Paprika waschen, Strunk und Kerne entfernen. Die Zwiebel klein hacken und die Paprikaschoten in Streifen schneiden. Eine be-

schichtete Pfanne mit einem Kokosfettpinsel ausstreichen und die Zwiebel darin glasig dünsten. Die Paprikastreifen sowie 1 EL Wasser dazugeben. Abgedeckt ca. 10 Minuten schmoren. Danach die Sojakeimlinge dazugeben und weitere 5 Minuten zugedeckt garen. Den gekochten Reis und die Crème fraîche zufügen, mit einer Prise Salz und Paprikapulver abschmecken.

Reisgurke

40 g Vollkornreis · 100 ml Gemüsebrühe

1 Salatgurke · 100 g Champignons · 1 Prise Paprikapulver

1 Zwiebel · 50 g Wörishofener Schnittkäse

1 EL gehackte Petersilie · 1 Prise Kräutersalz

flüssige Pflanzenwürze

Den Vollkornreis in ⅛ l Gemüsebrühe zum Kochen bringen und auf kleiner Stufe 25 Minuten garen.
Die Salatgurke mit einer Gemüsebürste unter fließendem Wasser gründlich abschrubben. In der Mitte teilen und das Gurkenfleisch zu ⅔ aushöhlen. Champignons waschen und klein hacken, ebenso die Zwiebel. Eine beschichtete Pfanne mit einem Kokosfettpinsel ausstreichen und die gehackte Zwiebel darin glasig dünsten. Die Champignonstücke sowie das ausgehöhlte Gurkenfleisch dazugeben und abgedeckt 3 Minuten garen. Den gekochten Reis sowie die feingehackte Petersilie zufügen und alles miteinander vermischen. Mit dieser Farce die beiden Gurkenhälften füllen. Den Käse in Streifen schneiden und darüber verteilen. Eine Auflaufform mit einem Kokosfettpinsel einfetten und die Gurkenhälften hineinsetzen. Im vorgeheizten Backofen bei 200 Grad ca. 20 Minuten garen.

Bunte Reispfanne

50 g Wildreis · 5 g Kokosfett · 125 ml Wasser
2 KL Gemüsebrühe · 1 Prise Safran · 1 kleine Zucchini
1 rote Paprikaschote · 100 g Erbsen · 1 Zwiebel
1 Knoblauchzehe · 50 g Schafkäse

Das Kokosfett in einem Topf erhitzen. Die ausgepreßte Knoblauchzehe und die kleingehackte Zwiebel darin glasig dünsten. Den Reis sowie das Safranpulver, das Wasser und die granulierte Gemüsebrühe dazugeben und 30 Minuten garen. In der Zwischenzeit die Paprika waschen, putzen und in dünne Streifen schneiden. Wenn der Reis gegart ist, das Gemüse einschließlich der Erbsen und der geschälten, zerdrückten Knoblauchzehe hinzugeben und unterheben. Auf kleiner Stufe zugedeckt weitere 5 Minuten garen. Den Schafkäse zerbröseln, über das Reisgemüse verteilen und zugedeckt auf abgestellter Herdplatte noch 3–4 Minuten ziehen lassen.

Gemüse-Reis-Gericht

50 g Vollkornreis · ⅛ l Wasser · 2 KL Gemüsebrühe
100 g Möhren · 100 g Staudensellerie · 100 g Lauch
1 EL gehackte Kräuter · 1 Prise Salz · 1 TL saure Sahne

Vollkornreis in ⅛ l Wasser mit der granulierten Gemüsebrühe zum Kochen bringen und in 30 Minuten garen.
Möhren, Staudensellerie und Lauch waschen, putzen und kleinschneiden. Das Gemüse mit 2 EL Gemüsebrühe 5 Minuten dünsten. Den abgekochten Reis sowie die saure Sahne dazugeben und alles miteinander vermischen.

Reispfanne mit Austernpilzen

50 g Wildreis · 1/8 l Wasser · 2 KL Gemüsebrühe

200 g Austernpilze · 50 g Mandeln · 1 Prise Salz

1 flüssige Pflanzenwürze · 1 TL Crème fraîche

Den Wildreis mit dem Wasser und der granulierten Gemüsebrühe zum Kochen bringen und auf unterster Herdstufe 30 Minuten quellen lassen.
Die Austernpilze waschen, einmal durchschneiden, nach der Garzeit zum Reis geben und unterheben. Zusammen weitere 5 Minuten garen. Die Mandeln 5 Minuten in kochendes Wasser geben, abgießen und schälen. Die Mandeln teilen und ebenfalls zum Reis geben. Mit einer Prise Salz und etwas Pflanzenwürze abschmekken, die Crème fraîche dazugeben und alles miteinander vermischen.

Risotto mit Pfifferlingen

50 g Dreier-Reis-Mischung · 1/8 l Wasser

2 KL Gemüsebrühe · 1 Zwiebel · 5 g Kokosfett

100 g Pfifferlinge · 150 g Erbsen · 1 Prise Salz

flüssige Pflanzenwürze · 20 g italienischer Kräuterfrischkäse

Das Kokosfett auslassen und die Zwiebel darin glasig dünsten, den Reis dazugeben und umrühren, dann das Wasser mit der granulierten Gemüsebrühe angießen und ca. 30 Minuten garen. Nach 25 Minuten die gewaschenen und geputzten Pfifferlinge mit den aufgetauten Erbsen dazugeben. Nach weiteren 5 Minuten mit einer

Prise Salz und einigen Tropfen Pflanzenwürze abschmecken, den Kräuterfrischkäse zufügen und abgedeckt auf abgestellter Herdplatte noch 2–3 Minuten ziehen lassen. Alles vorsichtig umrühren.

Getreidegerichte

Hirse-Zucchini-Gericht

50 g Hirse · 100 ml Wasser · 1 KL Gemüsebrühe

250 g Zucchini · 1 Zwiebel · 1 Knoblauchzehe

1 TL Basilikum · 1 TL Petersilie · 1 TL Oregano

1 Prise Kräutersalz · 1 TL Kräuterbutter

25 g Wörishofener Schnittkäse

Zuerst die Hirse in ein Sieb geben und mit kochendem Wasser übergießen. Die Hirse mit dem Wasser und der granulierten Gemüsebrühe erhitzen, kurz aufkochen. Auf fast vollständig ausgeschalteter Herdplatte 20 Minuten ausquellen lassen.
In einer beschichteten Pfanne die kleingehackte Zwiebel und die zerdrückte Knoblauchzehe glasig dünsten. Gewaschene, in Scheiben geschnittene Zucchini dazugeben und 4–5 Minuten bei mittlerer Hitze dünsten. Kräuterbutter und Kräuter zufügen und mit einer Prise Kräutersalz abschmecken. Die gegarte Hirse und den kleingeschnittenen Käse darunterheben.

Gefüllte Paprika

30 g Hirse · 1 grüne Paprika · 1 rote Peperoni
1 Zwiebel · 5 g Kokosfett · 80 ml Gemüsebrühe
1 Prise Kräutersalz · 1 EL gehackte Kräuter
60 g Mozzarella

Hirse in ein Sieb geben, mit kochendem Wasser übergießen und abtropfen lassen.
In einem kleinen Topf das Kokosfett erhitzen und die in feine Würfel geschnittene Zwiebel darin glasig dünsten. Die abgetropfte Hirse und die Gemüsebrühe dazugeben, kurz aufkochen und 20 Minuten ausquellen lassen. Paprika und Peperoni waschen, die Paprika längs aufschneiden, den Strunk und die Kerne entfernen. Die Paprikahälften in eine gefettete Auflaufform legen. Die Peperoni sehr klein hacken, mit den Kräutern und der gegarten Hirse vermischen. Die Paprikahälften damit füllen, den Mozzarellakäse in dünne Scheiben schneiden und die Füllung damit abdecken. Im vorgeheizten Backofen bei 200 Grad 20 Minuten backen.

Grünkernbratling

50 g Grünkern · 1 EL Haferflocken
⅛ l Wasser · 2 KL Gemüsebrühe · 1 Zwiebel
50 g Quark · 1 EL gehackte Kräuter
1 Prise Kräutersalz · 5 g Kokosfett

Den Grünkern grob schroten. Das Wasser mit der granulierten Gemüsebrühe zum Kochen bringen, den geschroteten Grünkern hineingeben, umrühren und bei unterer bis mittlerer Hitze 25 Minuten ausquellen, dann abkühlen lassen. In die abgekühlte Masse die kleingehackte Zwiebel, den Quark, die Haferflocken, Kräuter und das Kräutersalz geben, alles gut durchkneten und zu einem Bratling formen. In einer beschichteten Pfanne das Kokosfett auslassen und den Bratling von beiden Seiten knusprig braten.

Grünkerneintopf

40 g Grünkern · ¼ l Wasser · 1 EL Gemüsebrühe
1 Zwiebel · 50 g Möhren · 50 g Erbsen · 50 g Lauch
50 g Kohlrabi · 50 g Sellerie · 1 Stengel Liebstöckel
1 EL gehackter Kerbel · flüssige Pflanzenwürze

Das Wasser erwärmen und die granulierte Gemüsebrühe darin auflösen. In der abgekühlten Gemüsebrühe den Grünkern über Nacht einweichen.
Am nächsten Tag die Brühe mit dem Grünkern zum Kochen bringen und auf mittlerer Stufe in ca. 8 Minuten garen.
Das Gemüse waschen, putzen, kleinschneiden, mit dem Liebstökkel zusammen in die Suppe geben und weitere 12 Minuten kochen. Den frisch gehackten Kerbel in den Eintopf streuen und eventuell mit einigen Tropfen Pflanzenwürze abschmecken.

Grüne Weizenpfanne

50 g Weizen · 125 ml Wasser
100 g Zucchini · 100 g Lauch · 100 g Paprika, grün
1 Zwiebel · 1 Knoblauchzehe · 5 g Kokosfett
1 Prise Kräutersalz · 1 Msp Paprikapulver · 1 EL Kräuter

Den Weizen im kalten Wasser für ca. 10 Stunden einweichen. Danach mit dem Einweichwasser zum Kochen bringen und bei geringer Hitze in ca. 60 Minuten ausquellen lassen. Das Gemüse waschen, putzen und in kleine Stücke schneiden. In einem Topf das Kokosfett erhitzen und die kleingehackte Zwiebel und die zerdrückte Knoblauchzehe glasig dünsten. Das Gemüse mit 1 EL Wasser hinzufügen und zugedeckt 5 Minuten schmoren. Den gegarten Weizen unterrühren und mit Paprikapulver und Kräutersalz abschmecken. Die gehackten Kräuter darüberstreuen.

Pikante Pfannkuchen

Pfannkuchen mit Sojasprossen

50 g Weizenvollkornmehl · 25 g süße Sahne
75 ml Wasser · 1 Eigelb · 1 Prise Salz · 200 g Paprika
1 EL Sojasprossen (siehe Seite 43) · 1 Zwiebel
1 KL Gemüsebrühe · 5 g Kokosfett

Das Vollkornmehl mit der Sahne und dem Wasser sowie dem Eigelb in eine Schüssel geben und alles mit einem Handrührgerät

2 Minuten verrühren. Danach 25 Minuten stehenlassen, damit das Mehl quellen kann.
Die Paprikaschote waschen, den Strunk sowie die Kerne entfernen und in sehr feine Streifen schneiden. In einer beschichteten Pfanne das Kokosfett erhitzen und die kleingehackte Zwiebel glasig dünsten. Paprika und Sojasprossen dazugeben, mit etwas granulierter Gemüsebrühe und einer Prise Salz abschmecken und das Gemüse bei mittlerer Stufe ca. 3 Minuten garen. Anschließend auf ausgeschalteter Herdplatte warm halten.
In der Zwischenzeit eine beschichtete Pfanne mit einem Kokosfettpinsel einfetten und den Pfannkuchenteig von beiden Seiten in jeweils ca. 3 Minuten goldbraun backen.
Das Gemüse auf einer Hälfte des Pfannkuchens verteilen, die andere Hälfte darüberklappen und auf einen Teller gleiten lassen.

Pfannkuchen mit Champignons

50 g Vollkorndinkelmehl · 25 ml Sahne
75 ml Wasser · 1 Eigelb · 1 Prise Salz · 5 g Kokosfett
1 Zwiebel · 200 g Champignons · 2 EL gehackte Kräuter
1 Prise Kräutersalz · 1 TL Crème fraîche

Das Vollkornmehl mit der Sahne, dem Wasser und dem Eigelb sowie der Prise Salz mit dem Handrührgerät 2 Minuten kräftig verrühren. Anschließend 25 Minuten ruhen lassen.
Die Zwiebel klein hacken, die Champignons putzen, waschen und in Scheiben schneiden. Kräuter fein hacken. In einer ausgepinselten beschichteten Pfanne die gehackte Zwiebel glasig dünsten, Champignons dazugeben, ebenso ⅔ der Kräuter, die Crème fraîche und das Kräutersalz. Zugedeckt warm halten.
In einer anderen beschichteten Pfanne das Kokosfett erwärmen.

Den Pfannkuchenteig von beiden Seiten in jeweils ca. 3 Minuten goldbraun backen.
Eine Hälfte des Pfannkuchens mit den Champignons füllen und mit der anderen Hälfte zudecken.
Die restlichen gehackten Kräuter darüberstreuen und auf einem vorgewärmten Teller servieren.

Sprossenpfannkuchen

50 g Vollkornweizenmehl · 25 ml süße Sahne

75 ml Wasser · 1 Eigelb · 1 Prise Salz · 5 g Kokosfett

100 g Sonnenblumenkeimlinge (siehe Seite 43)

150 g Zucchini · 1 KL granulierte Gemüsebrühe · 1 EL Wasser

1 EL gehackte Kräuter · 1 TL Crème fraîche

Das Vollkornmehl mit Sahne, Wasser, Eigelb sowie der Prise Salz, mit dem Handrührgerät oder Schneebesen ca. 2 Minuten verquirlen. Anschließend den Teig ca. 25 Minuten ruhen lassen.
Zucchini waschen und in Scheiben schneiden. Mit 1 EL Wasser und etwas granulierter Gemüsebrühe zum Kochen bringen, dann bei mittlerer Hitze 3 Minuten dünsten. Sonnenblumenkeimlinge, Crème fraîche und die gehackten Kräuter dazugeben, alles miteinander vermischen.
In einer beschichteten Pfanne das Kokosfett erhitzen und den Pfannkuchenteig von beiden Seiten goldbraun backen. Den Pfannkuchen auf einen vorgewärmten Teller geben, mit dem Gemüse füllen und zusammenrollen.

Brokkoli-Lachs-Pfannkuchen

50 g Weizenvollkornmehl · 25 ml süße Sahne
75 ml Wasser · 1 Eigelb · 1 Prise Salz · 200 g Brokkoli
2 EL Wasser · 1 KL Gemüsebrühe
1 TL saure Sahne · 50 g geräucherter Lachs

Das Vollkornmehl mit dem Eigelb, der Sahne und dem Wasser sowie der Prise Salz in eine Schüssel geben und mit dem Handrührgerät etwa 2 Minuten verquirlen. Den Teig dann 25 Minuten ruhen lassen.

Den Brokkoli waschen und in Röschen teilen. Das Gemüse mit 2 EL Wasser und etwas granulierter Gemüsebrühe zum Kochen bringen und 5 Minuten bei schwacher Hitze dünsten. Den geräucherten Lachs in feine Streifen schneiden und zufügen.

In einer beschichteten Pfanne 5 g Kokosfett erhitzen und darin den Pfannkuchenteig von jeder Seite ca. 3 Minuten goldbraun backen.

Den Pfannkuchen zur Hälfte mit Gemüse und Lachs belegen, die andere Hälfte darüberklappen. Auf einem vorgewärmten Teller servieren.

Walnuß-Bananen-Pfannkuchen

50 g Dinkelvollkornmehl · 25 ml süße Sahne
75 ml Wasser · 1 Eigelb · 5 g Kokosfett · 1 Banane
25 g Walnüsse · 1 TL Zimt

Das Mehl mit Sahne, Wasser und Eigelb in einer Schüssel mit dem Handrührgerät ca. 2 Minuten verquirlen. Den Teig dann 25 Minuten ruhen lassen.
In einer beschichteten Pfanne das Kokosfett erhitzen und den Teig von beiden Seiten ca. 3 Minuten goldbraun backen.
Den Pfannkuchen auf einen vorgewärmten Teller geben. Die Banane mit einer Gabel zerdrücken und mit einem Messer auf dem Pfannkuchen verstreichen. Die gehackten Walnüsse darüberstreuen und den Pfannkuchen zusammenrollen. Mit etwas Zimt bestreuen.

Heidelbeerpfannkuchen

50 g Weizenvollkornmehl · 25 ml süße Sahne
75 ml Wasser · 1 Eigelb · 5 g Kokosfett · 100 g Heidelbeeren
100 g Quark · 1 TL Honig · 1 EL Kokosflocken

Das Weizenvollkornmehl mit Sahne, Wasser sowie dem Eigelb in einer Schüssel mit dem Handrührgerät ca. 2 Minuten verquirlen. Den Teig 25 Minuten ruhen lassen.

Für die Füllung den Honig mit dem Quark verrühren und die Heidelbeeren dazugeben.
In einer beschichteten Pfanne das Kokosfett erhitzen und den Pfannkuchen von beiden Seiten jeweils 3 Minuten goldbraun backen. Den Pfannkuchen auf einen Teller geben. Den Heidelbeerquark mit einem Messer auf dem Pfannkuchen verstreichen, mit den Kokosflocken bestreuen und zusammenrollen.

Feigen-Bananen-Pfannkuchen

50 g Dinkelvollkornmehl · 25 ml süße Sahne
75 ml Wasser · 1 Eigelb · 5 g Kokosfett
1 frische Feige · 1 kleine Banane

Das Vollkornmehl mit Mineralwasser, Sahne und Eigelb 2 Minuten mit dem Handrührgerät verquirlen. Den Teig anschließend 25 Minuten ruhen lassen.
In einer beschichteten Pfanne das Kokosfett erhitzen und den Pfannkuchenteig von beiden Seiten jeweils in ca. 3 Minuten goldbraun backen.
Die Feige schälen und das Fruchtfleisch mit einer kleinen, geschälten Banane mit Hilfe einer Gabel zusammen pürieren.
Den Pfannkuchen auf einen Teller geben, mit dem Obstpüree bestreichen und zusammenrollen.

Haselnußpfannkuchen

50 g Weizenvollkornmehl · 25 ml süße Sahne

75 ml Wasser · 1 Eigelb · 5 g Kokosfett

30 g gehobelte Haselnüsse

Das Vollkornmehl mit Sahne, Wasser und Eigelb zu einem Teig verrühren. Diesen Teig dann 25 Minuten ruhen lassen.
In einer beschichteten Pfanne das Kokosfett erhitzen und die gehobelten Haselnüsse darin leicht anrösten. Den Pfannkuchenteig hinzugießen und mit der Rückseite eines Löffels glattstreichen. Von beiden Seiten jeweils ca. 3 Minuten goldbraun backen.

Apfelpfannkuchen

50 g Vollkornweizenmehl · 25 ml süße Sahne

75 ml Wasser · 1 Eigelb · 5 g Kokosfett

50 g getrocknete Apfelscheiben · 40 ml Wasser

Die Apfelscheiben 4–5 Stunden vor dem Zubereiten des Pfannkuchens in 40 ml Wasser einweichen.
Das Vollkornmehl mit Sahne, Wasser und Eigelb mit einem Handrührgerät ca. 2 Minuten verquirlen. Anschließend den Teig 25 Minuten ruhen lassen.
In einer beschichteten Pfanne das Kokosfett erhitzen. Die abgetropften Apfelringe in den Pfannkuchenteig geben und diesen von beiden Seiten in jeweils ca. 3 Minuten goldbraun backen.

Spaghetti mit Austernpilzen

50 g Vollkornspaghetti · ½ l Wasser
2–3 Tropfen Öl · 1 Prise Salz · 200 g Austernpilze
40 g Edelpilzkäse (60 % Fett i. T.) · 5 g Kokosfett
1 Knoblauchzehe · 1 Zwiebel · 100 ml Wasser
1 TL saure Sahne · 1 EL gehackte Kräuter
½ EL Gemüsebrühe · 1 Prise Kräutersalz

Wasser mit einigen Tropfen Öl und einer Prise Salz zum Kochen bringen, Nudeln wie gewohnt kochen.
Die Knoblauchzehe pressen, die Zwiebel klein hacken. In einer Pfanne die 5 g Kokosfett erhitzen, Zwiebel und zerdrückte Knoblauchzehe andünsten. Die gewaschenen Austernpilze dazugeben, kurz schmoren, mit 100 ml Wasser ablöschen und mit granulierter Gemüsebrühe und Salz abschmecken. Die gehackten Kräuter darüberstreuen und abgedeckt ca. 4 Minuten dünsten. Den Edelpilzkäse und die Sahne zufügen, auf abgestellter Herdplatte und zugedeckt noch 2–3 Minuten ziehen lassen. Die gekochten Spaghetti auf einen vorgewärmten Teller geben. Die Pilze nochmals umrühren und über die Spaghetti verteilen.

Zucchininudeln

50 g Vollkornbandnudeln · ½ l Wasser
einige Tropfen Öl · 1 Prise Salz · 50 g Putenlachsfleisch
250 g Zucchini · 3 EL Wasser · 1 Zwiebel
1 TL Crème fraîche · 1 EL gehackte Kräuter

Die Nudeln im Wasser mit einigen Tropfen Öl und einer Prise Vollmeersalz bißfest garen.
Die Zucchini mit einer Gemüsebürste gründlich unter fließendem Wasser schrubben. In der Mitte aufschneiden und in feine, längliche Streifen schneiden. Die Zwiebel fein hacken und das Putenlachsfleisch in kleine Würfel schneiden. Die Zwiebel mit dem Fleisch in einer beschichteten Pfanne andünsten, die kleingeschnittenen Zucchini und 3 EL Wasser dazugeben, mit etwas granulierter Gemüsebrühe bestreuen und zugedeckt ca. 4 Minuten dünsten. Mit den Kräutern bestreuen und die Crème fraîche darunterziehen. Die Nudeln auf einem Teller anrichten und das Gemüse darüber verteilen.

Brokkolinudeln

50 g Vollkornmakkaroni · ¼ l Wasser
einige Tropfen Öl · 1 Prise Salz · 250 g Brokkoli
⅛ l Wasser · 2 KL granulierte Gemüsebrühe
1 TL saure Sahne · 2 ML Biobin
1 EL Sonnenblumenkerne

Die Vollkornmakkaroni wie gewohnt in ½ l Wasser mit einigen Tropfen Öl und einer Prise Salz bißfest kochen. Den Brokkoli

putzen, waschen und in kleine Röschen teilen. Den Stiel in Scheiben schneiden. Das Gemüse mit ⅛ l Wasser und der Gemüsebrühe 6 Minuten dünsten. Zwei Drittel der Brokkoliröschen herausnehmen und warm stellen. Mit dem Mixstab das restliche Gemüse pürieren. Alles noch einmal kurz aufkochen und mit Biobin binden. Die saure Sahne unterrühren und mit Kräutersalz abschmekken. Die beiseite gestellten Brokkoliröschen dazugeben und vorsichtig unterheben.
In einer beschichteten Pfanne die Sonnenblumenkerne rösten. Die Nudeln auf einem Teller anrichten, das Gemüse darüber verteilen, abschließend die gerösteten Sonnenblumenkerne darüberstreuen.

Spargel-Lachs-Nudeln

50 g gedrehte Vollkornnudeln · ¼ l Wasser

einige Tropfen Öl · 1 Prise Salz · 250 g Spargel

⅛ l Wasser · 50 g geräucherter Lachs · 2 ML Biobin

1 KL Gemüsebrühe · 1 TL Butter

Die Nudeln wie gewohnt in ¼ l Wasser mit einigen Tropfen Öl und einer Prise Salz bißfest kochen.
Den Stangenspargel vom Kopf zum Ende hin schälen und in ca. 4–5 cm lange Stücke schneiden. In ⅛ l Wasser mit der granulierten Gemüsebrühe ca. 20 Minuten garen. Den Spargel herausnehmen und warm stellen. Die Brühe mit 1–2 ML Biobin binden und die Butter zufügen. Den in feine Streifen geschnittenen Räucherlachs mit dem Spargel in die Sauce geben und vorsichtig umrühren. Die gekochten Nudeln auf einem vorgewärmten Teller anrichten und die Lachs-Spargel-Sauce darüberziehen.

Kräuternudeln

50 g Kräutervollkornnudeln · ½ l Wasser
1 Prise Salz · einige Tropfen Öl · 1 TL Olivenöl
1 Zwiebel · 1 Knoblauchzehe · 1 Prise Kräutersalz
1 EL Kräuter der Provence · 1 frische rote Peperoni

Die Nudeln in ½ l Wasser mit einer Prise Vollmeersalz und einigen Tropfen Öl bißfest kochen.
Das Olivenöl in einer Pfanne erwärmen, die kleingehackte Zwiebel und die gepreßte Knoblauchzehe darin andünsten. Die Kräuter und die kleingeschnittene Peperoni zufügen, mit Kräutersalz abschmecken. Die gekochten, abgetropften Nudeln in die Pfanne geben und mit den Kräutern mischen.

Nudel-Gemüse-Gericht

50 g Vollkornnudeln · ½ l Wasser
1 Prise Vollmeersalz · einige Tropfen Öl
100 g Blumenkohl · 100 g Brokkoli · 100 g Möhren
3 EL Wasser · 1 KL granulierte Gemüsebrühe
1 TL süße Sahne · 1 Scheibe Wörishofener Schnittkäse

Die Vollkornnudeln in ½ l Wasser mit einer Prise Salz und wenigen Tropfen Öl bißfest kochen.
Blumenkohl und Brokkoli waschen, in Röschen zerteilen. Die Möhren mit der Gemüsebürste unter fließendem Wasser abschrubben und in Scheiben schneiden. Das Gemüse in einem Topf mit

3 EL Wasser und Gemüsebrühe zum Kochen bringen, dann auf halber Stufe 5 Minuten dünsten. Die süße Sahne dazugeben und den kleingeschnittenen Käse darüberstreuen. Abgedeckt auf ausgeschalteter Herdplatte noch 2 Minuten stehenlassen. Die Nudeln auf einem Teller anrichten und das Gemüse darübergeben.

Nudelauflauf

50 g Vollkornbandnudeln · ½ l Wasser

einige Tropfen Öl · 1 Prise Salz · 100 g Möhren

100 g Erbsen · 100 g Zucchini · ⅛ l Gemüsebrühe

2 ML Biobin · 1 TL Butter · 25 g Wörishofener Schnittkäse

1 Prise Muskatnuß · 1 Prise jodiertes Vollmeersalz

Die Nudeln wie gewohnt bißfest kochen und anschließend abtropfen lassen. Das Gemüse waschen und kleinschneiden.
In der Gemüsebrühe zuerst die Möhrenscheiben und Erbsen ca. 5 Minuten kochen, dann die Zucchinistücke noch 3 Minuten mitgaren. Das Gemüse aus der Brühe nehmen und diese mit Biobin binden. Die kleingehackten Kräuter, Salz, frisch geriebenen Muskat und die Butter sowie den kleingeschnittenen Käse dazugeben und umrühren. Das Gemüse und die Nudeln zufügen, alles vorsichtig unterheben und in eine eingepinselte Auflaufform geben. Im vorgeheizten Ofen bei 200 Grad 20 Minuten überbacken.

Pfifferlingspätzle

50 g Vollkornspätzle · ½ l Wasser · 1 Prise Salz
2–3 Tropfen Öl · 200 g Pfifferlinge · 20 g Schinkenspeckwürfel
1 Zwiebel · 1 EL gehackte Kräuter
1 Prise Kräutersalz · granulierte Gemüsebrühe

Die Spätzle im Wasser mit einer Prise Salz und wenigen Tropfen Öl bißfest kochen.
Die Schinkenspeckwürfel in einer beschichteten Pfanne auslassen, die kleingehackte Zwiebel mitdünsten, die gewaschenen frischen Pfifferlinge dazugeben und 5 Minuten dünsten. Mit Kräutersalz und granulierter Gemüsebrühe abschmecken und die gehackten frischen Kräuter darüberstreuen. Die Spätzle auf einem Teller anrichten und die Pfifferlinge darüberziehen.

Basilikumspaghetti

50 g Vollkornnudeln · ½ l Wasser
1 Prise Salz · 2–3 Tropfen Öl · 1 TL Olivenöl
1 Knoblauchzehe · 1 Zwiebel · 1 TL Crème fraîche
25 g Schafkäse · 1 Bund Basilikum

Die Nudeln in ½ l Wasser mit 2–3 Tropfen Öl und einer Prise Salz bißfest kochen und abgießen.
In einer beschichteten Pfanne das Olivenöl erwärmen. Die kleingehackte Zwiebel und die zerdrückte Knoblauchzehe darin 5 Minuten dünsten. Das Basilikum waschen, trockenschwenken und kleinschneiden. Drei Basilikumblätter ganz zurücklassen. Das fein-

geschnittene Basilikum mit der Crème fraîche zu den Zwiebeln geben und kurz unterrühren. Die Nudeln zufügen und alles vermischen. Den kleingehackten Schafkäse darüberstreuen und zugedeckt auf ausgestellter Platte 1–2 Minuten ziehen lassen. Das Gericht auf einen Teller geben und mit den Basilikumblättern garnieren.

Lauchnudeln, überbacken

50 g Bandnudeln · ½ l Wasser

1 Prise Salz · 2–3 Tropfen Öl · 250 g Lauch · ⅛ l Wasser

2 KL Gemüsebrühe · 2 ML Biobin

60 g Mozzarella-Käse

2 EL Sonnenblumenkeimlinge (siehe Seite 43)

Die Bandnudeln wie gewohnt in Wasser mit einer Prise Salz und 2–3 Tropfen Öl bißfest kochen.
Den Lauch waschen, in ca. 5 cm lange, feine Streifen schneiden und mit ⅛ l Wasser und granulierter Gemüsebrühe zum Kochen bringen, 4 Minuten dünsten. Das Gemüse herausnehmen und die Brühe mit Biobin binden. Den Mozzarella klein hacken und eine Hälfte in die Sauce rühren. Die gekochten Nudeln, die Sonnenblumenkeimlinge sowie das Gemüse dazugeben und alles vorsichtig miteinander vermischen. In eine mit Kokosfett eingepinselte Auflaufform geben und mit dem restlichen Mozzarella belegen. Im vorgeheizten Backofen bei 200 Grad ca. 15–18 Minuten überbacken.

Spaghetti alla Carbonara

50 g Vollkornspaghetti · ½ l Wasser

1 Prise Salz · 2–3 Tropfen Öl · 20 g Schinkenspeck

1 Zwiebel · 1 Knoblauchzehe · 1 Eigelb

2 TL Mascarpone-Frischkäse

25 g Wörishofener Schnittkäse

In dem Wasser mit einer Prise Salz und 2–3 Tropfen Öl die Spaghetti bißfest kochen.
Den Schinkenspeck ganz klein würfeln und in einer beschichteten Pfanne auslassen. Knoblauchzehe mit der Presse zerdrücken, die Zwiebel sehr fein hacken, beides zu den Schinkenspeckwürfeln geben und glasig dünsten. Eigelb und Mascarpone miteinander verrühren und zufügen. Die Pfanne von der Herdplatte nehmen, die gekochten Nudeln und den kleingeschnittenen Käse dazugeben. Alles miteinander vermischen und zugedeckt noch 1 bis 2 Minuten stehenlassen.

Nußnudeln

50 g Vollkornbandnudeln · ½ l Wasser

2–3 Tropfen Öl · 1 EL Haselnüsse · 1 EL Walnüsse

1 EL Kürbiskerne · 1 TL Butter · 1 TL Honig

Die Nudeln im Wasser mit dem Öl bißfest garen und abgießen. Die Nüsse und die Kürbiskerne grob hacken. In einer großen Pfanne die Butter mit dem Honig erwärmen und ⅔ der gehackten Nüsse zufügen. Die gekochten Nudeln dazugeben und umrühren. Die Nudeln auf einem Teller anrichten und mit den restlichen Nüssen bestreuen.

Nachspeisen zur Kohlenhydratmahlzeit

Feigencreme

100 g Doppelrahmfrischkäse · 100 g Vollmilchjoghurt

20 g Honig · 1 frische Feige

Die Feige waschen und mit der Schale vierteln. Zwei Drittel der Feige mit Honig, Joghurt und Doppelrahmfrischkäse in einer hohen Schüssel mit dem Mixstab pürieren. In eine Glasschale füllen. Die restliche Feige in dünne Scheiben schneiden und die Creme damit garnieren.

Kokosbanane

1 Banane · 2 EL Kokosflocken · 5 g Kokosfett

In einer beschichteten Pfanne das Kokosfett erhitzen. Die Banane schälen und in der Mitte längs teilen. Die Bananenhälften in den Kokosflocken wenden und in dem Kokosfett auf mittlerer Stufe von jeder Seite 5 Minuten braten.

Feigen-Hirse-Schale

100 ml Wasser · 30 g Hirse · 25 ml süße Sahne
20 g Honig · 1 Eigelb · 1 Msp Naturvanille, gemahlen
1 EL geschlagene süße Sahne · 1 frische Feige

Die Hirse in ein Sieb geben und mit kochendem Wasser übergießen. Einen Kochtopf mit kaltem Wasser ausspülen, darin das Wasser mit der Sahne zum Kochen bringen, die Hirse einrühren und die Temperatur auf unterste Stufe stellen. Ca. 10 Minuten zugedeckt quellen lassen. Den Topf von der Herdplatte nehmen, Honig, Naturvanille und Eigelb hineinrühren. Weitere 5 Minuten auf der abgestellten, aber noch warmen Herdplatte stehenlassen. Die Feige waschen und in mundgerechte Stücke schneiden, 2 Feigenschnitze zurückbehalten. Das Obst unter den abgekühlten Hirsebrei rühren, in eine Glasschale füllen und mit den Feigenschnitzen garnieren.

Reisbrei

30 g Reis · 100 ml Wasser · 25 ml süße Sahne
20 g Honig · 1 EL geschlagene süße Sahne · 50 g Heidelbeeren

Den Reis grob mahlen. Einen Topf mit kaltem Wasser ausspülen und das Wasser mit der Sahne zum Kochen bringen. Den gemahlenen Reis einrühren und die Temperatur auf unterste Stufe stellen. Den Reis abgedeckt 40 Minuten quellen lassen. Danach den Honig einrühren und zugedeckt bei abgestellter Herdplatte weitere 5 Minuten stehenlassen. Die steifgeschlagene Sahne oder einen aufgetauten Sahnetupfer mit den Heidelbeeren mischen und unter den abgekühlten Reis heben.

Bananengrießbrei

100 ml Wasser · 25 ml süße Sahne
30 g Grieß · 1 Eigelb · 1 EL süße Sahne
1 Banane · 1 Msp Naturvanille

Einen Topf mit kaltem Wasser ausspülen. Das Wasser mit der Sahne zum Kochen bringen, unter Rühren den Grieß dazugeben. 1–2 Minuten unter Rühren aufkochen und den Grieß vom Herd nehmen. Ein Eigelb einrühren, den Grießbrei abkühlen lassen. Eine Banane mit einer Gabel zerdrücken und unter den abgekühlten Grießbrei rühren. Die geschlagene Sahne unterheben oder einen tiefgefrorenen Sahnetupfer auftauen lassen und darunterziehen.

Timos Schleckerei

4 Vollkornbutterkekse · 2 EL Buttermilch · 1 Banane

Die Vollkornbutterkekse auf einen Teller geben, mit Buttermilch beträufeln und ca. 10 Minuten weichen lassen. Die Kekse mit einer Gabel zerdrücken. Eine zerdrückte Banane dazugeben und alles miteinander vermischen.

Heidelbeercreme

100 g Quark (20 % Fett i. T.) · 2 EL saure Sahne
1 EL süße Sahne · 100 g Heidelbeeren · 50 g Kokosflocken

Quark, Wasser und saure Sahne mit einem Handrührgerät cremig schlagen. Die Heidelbeeren mit der geschlagenen Sahne (oder aufgetautem Sahnetupfer) unter die Quarkmasse heben. Die Kokosflocken in einer beschichteten Pfanne rösten und abkühlen lassen. Die gerösteten Kokosflocken über die Quarkspeise streuen.

Trennkost unterwegs

Nachdem Ihnen der Einstieg in die Trennkost gelungen ist, wird Essen unterwegs für Sie eine Herausforderung darstellen. Essen im Restaurant oder im Urlaub erscheint mir am einfachsten. Beginnen wir mit dem Frühstück:
Die meisten Hotels bieten ein Frühstücksbüfett an, wo Sie Ihr Frühstück selbst zusammenstellen können. Sollte dies nicht der Fall sein, sprechen Sie mit der Hotelleitung, daß man Ihnen Entsprechendes zum Frühstück anbietet. Zum Mittag- und Abendessen sollten Sie als Vorspeise immer einen großen Salatteller wählen. Egal ob Sie sich anschließend für eine Eiweiß- oder Kohlenhydratmahlzeit entscheiden. Bestellen Sie bei einer Eiweißmahlzeit die kohlenhydrathaltigen Beilagen gleich ab und bitten Sie um einen größeren Salatteller oder um eine stattlichere Gemüseportion. Erfreulicherweise bieten inzwischen immer mehr Lokale Gemüseplatten an.
Etwas schwieriger kann es bei privaten Einladungen werden. Dort haben Sie nicht die absolut freie Wahl. Ein- bis zweimal im Jahr kann es passieren, daß es ein Essen gibt, das man beim besten Willen nicht trennen kann. Aus diesem Grund esse ich bei solchen Einladungen zu Hause immer erst einen Salat oder, wenn die Zeit nicht mehr reicht, rohes Gemüse. So kann ich jeder Einladung gelassen entgegensehen. Gibt es ein Essen, das man nicht trennen kann und zudem keine Frischkost, so habe ich wenigstens meine Ballaststoffe in unerhitzter Form zu mir genommen und bin nicht ausgehungert. Es fällt mir dann auch nicht schwer, nur eine Kleinigkeit von der Mischkost zu essen. Sie haben richtig gelesen!

Bleiben Sie in solchen Situationen ruhig und gelassen. Nehmen Sie sich eine kleine Portion, und da Sie wahrscheinlich der einzige Esser sind, der intensiv kauen kann, werden Sie mit dem Mahl nicht vor den anderen fertig sein. Ich garantiere Ihnen: wenn Sie so vorgehen, wird niemand merken, daß Sie weniger gegessen haben. Es ist nicht erforderlich, Gastgeber in Schwierigkeiten zu bringen. Wesentlich ist, sich an der Mehrzahl der Tage vernünftig und bewußt zu ernähren. Dann verursachen solche Ausnahmen nun wirklich keinen gesundheitlichen Schaden.

Rezeptvorschläge für die ganze Familie

Oft ist es so, daß sich innerhalb einer Familie zunächst nur eine Person konsequent nach Trennkostrichtlinien ernähren möchte. Tun Sie es! Lassen Sie sich nicht durch ironische Bemerkungen oder ein mitleidiges Lächeln von seiten der einzelnen Familienmitglieder aus der Ruhe bringen. Versuchen Sie andererseits aber nicht, Ihre Familie gegen deren Willen umzuerziehen. Wenn man am eigenen Körper die Vorteile der Trennkost erfahren hat, ist man leicht geneigt, seine Lieben unbedingt davon überzeugen zu wollen, sich auch gesund und bewußt zu ernähren. Nehmen Sie es hin, wenn Ihre Familie nicht nach Trennkost leben will. Gehen Sie nicht missionarisch vor. Nicht was wir »predigen« wird angenommen, sondern viel eher das, was wir täglich vorleben. Sie werden sehen, es wird nicht lange dauern, und die Familie fragt, ob sie vor dem Essen ebenfalls einen Salat haben kann, ob sie von Ihrem Essen mal probieren darf? Nicht selten erfolgt dann die Feststellung: »Das schmeckt ja, das kannst du uns auch mal kochen!«

Ernähren sich alle Familienmitglieder nach den Trennkostrichtlinien, ist der Einstieg in diese Kostform leichter. Das ist jedoch nach meinen Erfahrungen die Ausnahme. Andererseits ist es aber kaum möglich, auf Lebenszeit täglich verschiedene Gerichte zu kochen. Also muß der Speiseplan so umgestellt werden, daß jeweils nur ein Gericht gekocht wird und alle mitessen können. Nur brauchen Sie nicht alles mit zu essen, was auf dem Tisch steht.

Entscheiden Sie sich für eine Eiweißmahlzeit, heißt das: nach der Frischkost Fisch, Fleisch oder Eier mit Gemüse; bei der Kohlenhydratmahlzeit: Kartoffeln, Nudeln oder Getreide mit Gemüse. Geholfen hat mir am Anfang der Ernährungsumstellung der Gedanke, daß ich ja weiß, wie z.B. Fleisch oder Kartoffeln schmekken und daß ich ja *alles* essen kann, nur eben nicht zusammen innerhalb einer Mahlzeit. Eine andere Hilfe besteht darin, sich beispielsweise bei der Mittagsmahlzeit eine Portion Kartoffeln mit Gemüse beiseite zu stellen und diese abends nach dem Salat als Kohlenhydratmahlzeit zu verzehren.
So typisch »deutsche« Gerichte wie z.B. Wiener Schnitzel, Cordon bleu, Gulasch oder Fischstäbchen, die in fast allen Familien immer wieder gewünscht werden, sind nach Trennkostrichtlinien erst einmal nicht möglich. Hier einige Tips, wie Sie und Ihre Familie auf diese Genüsse nicht verzichten müssen.

Die nachfolgenden Rezepte sind für 4 Personen berechnet und zählen als Eiweißmahlzeit.

Wiener Schnitzel nach Trennkostart

4 Putenschnitzel · 2 EL Kokosflocken · 1 Prise Salz
1 TL Paprikapulver · 5 g Kokosfett · 4 Zitronenscheiben

Das Kokosfett in einer beschichteten Pfanne erhitzen, dann die Temperatur auf halbe Stufe reduzieren. Die Putenschnitzel salzen, mit Paprikapulver würzen, anschließend von beiden Seiten in den Kokosflocken wenden. Dabei die Putenschnitzel fest gegen die Kokosflocken drücken, damit diese besser haften bleiben. Da das Fleisch über Feuchtigkeit bzw. Eigensaft verfügt, benötigt man zum Panieren kein Ei. Die Schnitzel von beiden Seiten in jeweils 8–10 Minuten braten. Auf einen vorgewärmten Teller legen. Die vier Zitronenscheiben bis zur Mitte durchschneiden, jeweils eine Spirale drehen und die Schnitzel damit garnieren.

Dazu gibt es z.B.

Rosenkohl

1,2 kg Rosenkohl · ⅛ l Wasser · 2 KL granulierte Gemüsebrühe
1 EL Biobin · 1 EL Crème fraîche

Den Rosenkohl waschen und putzen. Das Wasser mit der granulierten Gemüsebrühe zum Kochen bringen, das Gemüse zufügen, aufkochen, dann auf halber Stufe in 8–10 Minuten garen. Der Rosenkohl sollte nicht verkocht, sondern noch grün sein und Biß haben. Das Gemüse herausnehmen und in einer Schale warm stellen. Die Gemüsebrühe mit Biobin binden, die Crème fraîche unterrühren. Die Sauce über dem Rosenkohl verteilen.

Cordon bleu à la Trennkost

4 Kalbsschnitzel, dünn geschnitten
2 Scheiben gekochter Schinken · 2 Scheiben Emmentaler-Käse
1 Prise Salz · 1 TL Paprikapulver
2 EL Kokosflocken · 5 g Kokosfett · 4 Zitronenscheiben

Kalbsschnitzel mit Paprikapulver und Salz würzen. Die beiden Scheiben Schinken und Käse jeweils in der Mitte teilen. Je eine halbe Scheibe Schinken und Käse auf das Kalbsschnitzel legen, zusammenklappen und mit einem hölzernen Zahnstocher zusammenstecken. Die Kokosflocken auf einen Teller geben und die Schnitzel damit panieren (ohne Ei), dabei das Fleisch fest gegen die Kokosflocken pressen. Das Kokosfett in einer beschichteten Pfanne erhitzen und die Cordon bleus von beiden Seiten anbraten. Die Temperatur auf halbe Stufe reduzieren und das Fleisch jeweils 8–10 Minuten von jeder Seite braten. Mit Zitronenscheiben garnieren.

Dazu paßt

Erbsen-Möhren-Gemüse

1,2 kg TK-Mischgemüse (Erbsen und Möhren)
4 EL Wasser · 2 KL Gemüsebrühe · 1 KL Butter
1 EL gehackte Kräuter (evtl. TK)

Die tiefgefrorenen Erbsen und Möhren antauen lassen. In einen Topf mit dem Wasser und der granulierten Gemüsebrühe geben, zum Kochen bringen, dann die Hitze auf halbe Stufe reduzieren. Das Gemüse ca. 5 Minuten garen. Die Butter unterrühren und mit gehackten Kräutern (z.B. tiefgekühlte Kräutermischung) bestreuen.

Rinderrouladen

4 Rinderrouladen

8 dünne Scheiben mageres Dörrfleisch

1 Zwiebel · 1/4 Salatgurke · 1 Prise Salz · 1 TL Paprikapulver

1 Bund Suppengrün · 5 g Kokosfett

1/4 l Wasser · 1 EL saure Sahne

Die Rinderrouladen mit einer Prise Salz und Paprikapulver würzen. Mit jeweils 2 hauchdünn geschnittenen Scheiben Dörrfleisch belegen. Die Zwiebel schälen und in ganz dünne Scheiben schneiden. Die Zwiebelringe auf dem Dörrfleisch verteilen. Die Salatgurke waschen und in dünne Scheiben schneiden. Diese auf den Zwiebeln verteilen. Das Fleisch mit seiner Füllung wie üblich aufrollen und mit Zahnstochern oder Rouladenklammern zusammenhalten. Das Kokosfett in einer beschichteten Pfanne erhitzen und die Rouladen darin rundherum anbraten. Die Hitze auf halbe Stufe reduzieren. Das zuvor gewaschene, geputzte und zerkleinerte Suppengemüse sowie das Wasser dazugeben und alles zusammen ca. 80 Minuten schmoren (im Dampfkochtopf nur 30 Minuten). Danach die Rouladen herausnehmen und warm stellen. Mit einem Pürierstab das Suppengemüse völlig zerkleinern. Die Sauce mit saurer Sahne binden.

Dazu paßt

Apfelrotkohl

1,2 kg Rotkohl · 1 Zwiebel · 4 Äpfel (z. B. Boskop)

2 KL Gemüsebrühe · 100 ml Wasser

1 EL Kräuteressig · 2 Wacholderbeeren · 1 KL Butter

Den frischen Rotkohl vierteln, den Strunk entfernen. Die Gemüseviertel in ganz dünne Streifen schneiden oder hobeln. Dazu eignen sich auch die Brot- bzw. die Küchenmaschine. Die Zwiebel schälen und in Würfel schneiden. Die Äpfel waschen, vierteln, anschließend in dünne Scheiben schneiden. Die kleingehackte Zwiebel mit 1 EL Wasser in einem Topf glasig dünsten. Den Rotkohl und die Äpfel zugeben. Das restliche Wasser mit dem Kräuteressig mischen und ins Gemüse rühren. Mit der granulierten Brühe bestreuen und die Wacholderbeeren zufügen. Den Kohl zum Kochen bringen, die Temperatur auf halbe Stufe reduzieren und das Gemüse ca. 25 Minuten dünsten. Die Butter vorsichtig einrühren.

Rinderschmorbraten

1 kg Rinderschmorbraten · 1 Zwiebel

1 rote Paprikaschote · 1 Bund Suppengrün

1 Bund Liebstöckel · 300 ml Wasser · 1 Prise Salz

1 TL Paprikapulver · 1 EL saure Sahne

evtl. 1 ML Biobin · 10 g Kokosfett

Das Fleisch mit Salz und Paprikapulver würzen. Suppengrün, Kräuter und Paprika waschen und kleinschneiden. Die Zwiebeln hacken. Das Fett in einem Bräter erhitzen, das Fleisch darin von allen Seiten anbraten. Die gehackten Zwiebeln und das Gemüse einschließlich der Kräuter dazugeben, mit der Hälfte des Wassers ablöschen und zugedeckt schmoren. Nach und nach das restliche Wasser angießen. Insgesamt sollte der Rinderbraten auf mittlerer Stufe 70–90 Minuten schmoren. Das Fleisch herausnehmen. Das Gemüse mit einem Pürierstab zerkleinern, die saure Sahne einrühren und eventuell die Sauce zusätzlich mit Biobin binden. Mit einem Fleischportionierer 4 Stücke Fleisch in jeweils ca. 100 g schwere Scheiben schneiden. Das restliche Fleisch mit Sauce einfrieren.

Dazu gibt es

Kohlrabigemüse

1,2 kg Kohlrabi · 5 EL Wasser · 1 KL granulierte Gemüsebrühe
1 Prise Salz · 1 KL Butter

Den Kohlrabi waschen, die zarten inneren Blätter klein hacken. Die Knollen schälen, zuerst in Scheiben, dann in Stifte schneiden. Mit dem Wasser, der granulierten Gemüsebrühe und einer Prise Salz zum Kochen bringen. Die Hitze auf halbe Stufe reduzieren und das Gemüse ca. 4–6 Minuten dünsten. Die kleingehackten Blätter dazugeben und weitere 2–4 Minuten dünsten. Das Gemüse sollte noch Biß haben. Die Butter unterrühren und zugedeckt noch 2–3 Minuten auf abgestellter Herdplatte ziehen lassen.

Rindergulasch

400 g Rindergulasch · 1 Knoblauchzehe
2 Zwiebeln · 1 Peperoni · 1 rote Paprikaschote
2 Fleischtomaten · 1 Bund Suppengrün · 1 Bund Liebstöckel
1 Prise Salz · 1 EL Paprikapulver · 10 g Kokosfett
½ l Wasser · 1 EL Crème fraîche · 2 ML Biobin

Meist ist das vom Metzger vorbereitete Gulasch zu groß gewürfelt, deshalb empfehle ich, die Gulaschwürfel noch einmal durchzuschneiden. Gemüse, Kräuter und Suppengrün waschen, putzen und kleinschneiden. Die Zwiebeln und den Knoblauch schälen. Die Zwiebeln hacken und die Knoblauchzehe mit der Presse zerdrücken. Das Kokosfett in einem Bräter erhitzen. Die Fleischwürfel darin anbraten. Mit einer Prise Salz und Paprikapulver würzen. Zwiebeln, Knoblauch, kleingeschnittenes Gemüse und die Kräuter zufügen und alles kurz mitbraten. Mit dem Wasser ablöschen und zugedeckt 60–70 Minuten schmoren (im Dampfkochtopf ca. 30 Minuten). Die Fleischstücke herausnehmen. Das Gemüse mit dem Pürierstab zerkleinern. Die Crème fraîche einrühren und die Sauce mit dem Biobin binden.

Dazu paßt

Paprikagemüse

je 400 g roter, grüner und gelber Paprika

3 EL Wasser · 1 KL granulierte Gemüsebrühe

1 Prise Kräutersalz · 1 KL Butter · 40 g Schafkäse

Die Paprikaschoten waschen, putzen und kleinschneiden. Das Gemüse in einen Topf geben, das Wasser zufügen, mit der Gemüsebrühe und dem Kräutersalz bestreuen und zum Kochen bringen. Dann die Hitze auf halbe Stufe reduzieren und das Gemüse 3 Minuten dünsten. Die Herdplatte abstellen. Schafkäse und Butter mit einer Gabel vermischen und auf den Paprika geben. Das Gemüse abgedeckt noch 2 Minuten ziehen lassen, dann umrühren.

Fischstäbchen

500 g Seelachsfilet · 4 EL Kokosflocken
10 g Kokosfett

Das Seelachsfilet in 10 cm lange und ca. 3 cm breite Streifen schneiden. Die Kokosflocken auf einen flachen Teller geben und die Seelachsstreifen darin wenden. In einer beschichteten Pfanne das Kokosfett erhitzen und die Fischstäbchen darin von zwei Seiten in jeweils 8 Minuten ausbacken.

Eine feine Beilage bildet

Rahmspinat

2 Päckchen TK-Spinat · 1 Zwiebel · 2 EL Wasser
1 Prise Kräutersalz · 1 KL Gemüsebrühe
1 Prise Muskatnuß · 1 EL süße Sahne

Den Spinat auftauen lassen. Die Zwiebel fein hacken und in einem Topf mit dem Wasser glasig dünsten. Den aufgetauten Spinat dazugeben, salzen und mit der granulierten Gemüsebrühe bestreuen. Ca. 5 Minuten garen. Das Gemüse von der Herdplatte nehmen, mit einer Prise Muskatnuß abschmecken und die Sahne unterrühren.

Mandelforelle

4 küchenfertige Forellen · 100 g Mandelblättchen

1 EL Zitronensaft · 1 Prise Vollmeersalz · 100 g Kokosfett

Die küchenfertigen Forellen innen und außen mit fließendem Wasser abwaschen und abtropfen lassen. Von innen salzen und mit Zitronensaft beträufeln. Die Mandelplättchen auf einen großen, flachen Teller geben und die Forellen darin wenden. Die Mandelblättchen etwas andrücken. Das Kokosfett in einer großen beschichteten Pfanne erhitzen und die Forellen von beiden Seiten anbraten. Die Hitze auf halbe Stufe reduzieren und die Forelle von jeder Seite noch 8–10 Minuten braten.

Dazu gibt's

Brokkoli-Mandel-Gemüse

1,2 kg Brokkoli · 40 g Mandelblättchen

3 EL Wasser · 1 KL Gemüsebrühe · 1 KL Butter

Das Gemüse waschen und putzen, in einen Topf geben, Wasser zufügen und mit der Gemüsebrühe bestreuen. Den Brokkoli zum Kochen bringen und die Hitze sofort auf halbe Stufe reduzieren. Ca. 5 Minuten garen. Das Gemüse sollte nicht verkocht, sondern noch schön grün sein und Biß haben. Die Butter in kleinen Flöckchen über das Gemüse verteilen. In der Zwischenzeit in einer beschichteten Pfanne die Mandelblättchen goldbraun rösten und über dem Brokkoligemüse verteilen.

Spargel mit Sauce hollandaise

2 kg Spargel · 1 Prise Salz · 1 l Wasser

Den Spargel waschen und vom Kopf zum Ende hin schälen, die holzigen Enden abschneiden. Das Wasser mit der Prise Salz zum Kochen bringen und den Spargel darin 15–20 Minuten garen.

Sauce hollandaise

3 Eigelb · 100 ml trockener Weißwein

150 g Butter · 1 Prise Salz

Eigelb und Weißwein im heißen Wasserbad cremig schlagen. Die Butter in Flöckchen nach und nach unterrühren. Die Sauce mit einer Prise Salz abschmecken.
Dazu passen 4 Scheiben gekochter Schinken oder 4 Scheiben roher Schinken, jeweils 40 g pro Scheibe.

Kohlenhydratmahlzeiten

Bei den Kohlenhydratmahlzeiten kann es ein Problem mit der Familie geben. Meist werden die Vollkornnudeln und der Naturreis nicht gleich akzeptiert. Hier ein Paar Tips, wie Sie Ihre Familie langsam zu diesen Produkten hinführen. Verwöhnen Sie Ihre Lieben mit bunten Nudeln. Nehmen Sie rote und grüne Vollkornnudeln oder bunte Nudeln aus Auszugsmehl und geben Sie weiße Nudeln dazu. Von einer Mahlzeit zur anderen vergrößern Sie den Anteil an Vollkornnudeln.

Beim Reis können Sie ähnlich verfahren. Mischen Sie den polierten Reis mit dem Naturreis. Beim Zubereiten arbeiten Sie mit Paprika, Curry oder Safran. So hat der Reis eine schöne Farbe und wird eher von der Familie angenommen. Auch hier lassen Sie den Vollkornanteil immer größer werden. Sie können zusätzlich noch andere vollwertige Reissorten unter Ihr Reisgericht mischen, z.B. roten Camargue-Reis und Wilden Reis.
Sie werden sehen, nach einer Eingewöhnungszeit ißt Ihre Familie gerne Vollkornnudeln und Naturreis!
Überraschen Sie Ihre Lieben auch einmal mit fleischlosen Gerichten:

Nußkartoffeln aus dem Backofen

800 g Kartoffeln · 20 ml Olivenöl · 1 Peperoni
2 zerdrückte Knoblauchzehen · 1 Bund Petersilie
50 g Walnüsse · 30 g Sonnenblumenkerne
30 g Kürbiskerne

Ein Backblech mit einem Kokosfettpinsel einpinseln. Den Backofen auf 200 Grad vorheizen. Die Kartoffeln mit einer Gemüsebürste unter fließendem Wasser gründlich reinigen und anschließend in Scheiben schneiden. Die Kartoffelscheiben auf das eingefettete Backblech setzen.
Die Peperoni sehr klein hacken, ebenso die Petersilie. Walnüsse, Kürbis- und Sonnenblumenkerne grob hacken. Das Olivenöl erwärmen, die zerdrückten Knoblauchzehen, die kleingehackte Peperoni, die Petersilie und die grobgehackten Walnüsse, Sonnenblumen- und Kürbiskerne dazugeben und alles miteinander verrühren. Die Mischung mit einem Messer über die Kartoffelscheiben streichen. Im vorgeheizten Backofen bei 200 Grad 40 bis 60 Minuten – je nach Kartoffelsorte – backen.

Kartoffelsuppe

600 g Kartoffeln · 1¼ l Wasser
1 Würfel Gemüsebrühe · 1 Stange Lauch
¼ Sellerie · 2 Möhren · 2 Zwiebeln
150 g Sonnenblumenkeimlinge (siehe Seite 43)
1 Bund Liebstöckel · 1 EL Schmand
flüssige Pflanzenwürze nach Geschmack

Die Kartoffeln unter fließendem Wasser mit der Gemüsebürste gründlich säubern, die Kartoffeln vierteln. Das Gemüse waschen und kleinschneiden. Die Zwiebel grob hacken. Den Bund Liebstöckel waschen und klein hacken. Das Wasser mit dem Brühwürfel, den Kartoffeln, Gemüse, Zwiebel und ⅔ des Liebstöckels sowie den Keimlingen zum Kochen bringen. Danach auf mittlere Stufe reduzieren und ca. 25 Minuten garen. Den Eintopf abkühlen lassen, dann mit einem Mixstab pürieren. Den Schmand unterrühren. Mit dem restlichen Liebstöckel bestreuen und eventuell mit Pflanzenwürze abschmecken.

Nudelgericht

200 g Vollkornspaghetti ohne Ei
2 l Wasser · 1 Prise Salz · einige Tropfen Öl
80 g Dörrfleisch · 1 Zwiebel · 1 Knoblauchzehe
2 Eigelb · 4 EL Crème fraîche
4 EL Vollmilchjoghurt · 1 EL Oregano

Das Wasser mit Salz und 3–4 Tropfen Öl zum Kochen bringen. Die Spaghetti in ca. 8 Minuten bißfest kochen.

In einer beschichteten Pfanne das kleingeschnittene Dörrfleisch bei mittlerer Hitze leicht anbraten. Die feingehackte Zwiebel und die zerdrückte Knoblauchzehe mitschmoren. Das Eigelb mit der Crème fraîche und dem Joghurt verquirlen, ebenfalls in die Pfanne rühren, kurz stocken lassen. Den ganzen Pfanneninhalt über die gekochten Spaghetti ziehen. Mit frischem oder getrocknetem Oregano bestreuen.

Gemüselasagne

200 g Vollkornlasagneblätter · 2 l Wasser

1 Prise Salz · 2–3 Tropfen Öl · 1 Knoblauchzehe

1 Bund Lauchzwiebeln · 250 g Möhren · 250 g Paprika

250 g Brokkoli · 250 g Zucchini · 250 g Mais

150 g Azukibohnenkeimlinge (siehe Seite 43)

⅛ l Wasser · 1 EL granulierte Gemüsebrühe · 8 ML Biobin

1 EL gehackte Kräuter · 1 TL Kräutersalz

1 Msp Cayennepfeffer · flüssige Pflanzenwürze

150 g Wörishofener Schnittkäse

2 l Wasser mit einer Prise Salz und 2–3 Tropfen Öl zum Kochen bringen. Die Lasagneblätter in ca. 8 Minuten darin kochen, mit einem Schaumlöffel herausnehmen und auf ein Küchentuch zum Abtropfen legen.

Die zerdrückte Knoblauchzehe mit der kleingehackten Zwiebel und 1 EL Wasser glasig dünsten. Das Gemüse waschen, Möhren und Zucchini in Scheiben schneiden. Sie können auch tiefgefrorenes Gemüse verwenden. Das Gemüse zu der Zwiebel und dem Knoblauch geben, mit der Brühe bestreuen. ⅛ l Wasser angießen und alles ca. 8 Minuten dünsten. Das Gemüse herausnehmen und in einem Sieb abtropfen lassen. Die Gemüsebrühe mit dem Biobin binden, mit Kräutersalz, einigen Spritzern Pflanzenwürze sowie etwas Cayennepfeffer abschmecken. Den Käse kleinschneiden, in die Sauce rühren. Eine Auflaufform mit einem Kokosfettpinsel ausfetten und zuerst eine Lage Lasagneblätter hineingeben. Diese mit Gemüse belegen und etwas von der Käsesauce darübergeben. Wieder Lasagneblätter, Gemüse und Sauce folgen lassen. Den Schluß sollte eine Lage Käse bilden. Im vorgeheizten Backofen bei 200 Grad ca. 20 Minuten backen.

Spargelgericht

2 kg Spargel · 1½ l Wasser

1 Prise Salz · 10 g Butter · 10 g Vollkornbrösel

400 g Kartoffeln · ¼ l Wasser · 1 Prise Salz

Den Spargel vom Kopf zum Ende hin schälen und holzige Stücke entfernen. Das Wasser mit der Prise Salz und dem Spargel zum Kochen bringen und in ca. 20 Minuten garen.
Die Kartoffeln mit einer Gemüsebürste unter fließendem Wasser schrubben und mit dem Wasser und der Prise Salz in ca. 25 Minuten zu Pellkartoffeln kochen.
Die Butter erwärmen, die Vollkornsemmelbrösel darin rösten und über den gegarten Spargel geben.

Fitneßplan

Alle Welt spricht vom Fitsein. Haben Sie sich auch schon mal gefragt, was es bedeutet, »fit zu sein«?
Ein Sportler z.B. sollte vor einem Wettkampf fit sein. Was passiert aber, wenn er zwar körperlich, nicht jedoch seelisch und geistig fit ist? Er wird trotz hervorragendem Körpertraining den Wettkampf verlieren.
Zum Fitsein gehören die körperliche, geistige und seelische Frische und Leistungsfreude, die gleichbedeutend mit Gesundheit sind. Um diesen Zustand des Fitseins zu erreichen bzw. zu erhalten – und nur darin liegt das wirkliche Lebensglück –, ist es unbedingt erforderlich, uns bewußt und gesund zu ernähren und uns *regelmäßig* körperlich zu betätigen.
Jetzt werden wahrscheinlich einige von Ihnen sagen: »das ist für mich zu spät« oder »Sport war noch nie meine Sache!« Haben Sie schon einmal überlegt, wozu Sie Ihre Beinen haben? Ja, zum Laufen. Dann tun Sie es doch! Benutzen Sie statt der Rolltreppe oder dem Aufzug die Treppe. Lassen Sie Ihr Auto stehen, gehen sie zu Fuß oder fahren Sie mit dem Fahrrad! Wenn Sie mit Bus oder Bahn fahren, steigen Sie eine Haltestelle eher aus und benutzen Sie Ihre Beine! Steigern Sie langsam aber kontinuierlich Ihre körperliche Aktivität, reaktivieren Sie Ihren Körper! Ob Sie nun zu den Leistungssportlern gehören oder eher zu den »Sportmuffeln« – wichtig ist, daß Sie nicht widerwillig irgendeine körperliche Betätigung ausüben, weil es ja sein muß oder soll, sondern bewegen Sie sich mit Freude!

Wie wäre es mit Schwimmen,
Gymnastik,
Fahrradfahren,
Tanzen oder
Wandern?

Setzen Sie sich damit auseinander – auch Sie werden die für Sie geeignete Art körperlicher Aktivität finden.

Achten Sie darauf, sich möglichst viel an frischer Luft zu bewegen. Durch die körperliche Bewegung in frischer Luft atmen wir vermehrt sauerstoffreiche Luft ein. Hier kommt es zum Ausstausch von sauerstoffreichem mit sauerstoffarmem Blut, d.h. kohlensäurereichem Blut. Das sauerstoffreiche Blut sorgt dafür, daß unser Organismus gut durchblutet wird. Durch das vermehrte Ausatmen wird auch mehr Kohlensäure durch das Ausscheidungsorgan Lunge aus dem Körper entfernt. Durch diesen Vorgang werden Herz und Kreislauf stabilisiert. Ihr Organismus wird entsäuert.

Eine zusätzliche Entsäuerung und Stabilisierung von Herz und Kreislauf erreichen Sie durch eine kalte Dusche nach dem täglichen Brausen. Wenn das kalte Duschen für Sie bislang ungewohnt war, beginnen Sie langsam damit. Fangen Sie nach dem üblichen Duschen einfach damit an, rechts außen am Fußgelenk mit dem kalten Wasserstrahl bis zur Wade hoch zu gehen und auf der Innenseite wieder zum Sprunggelenk zurückzukehren. Abschließend führen Sie den kalten Wasserstrahl über die Fußsohle. Das gleiche wiederholen Sie am linken Bein. Nach einer Woche dehnen Sie die kalte Dusche bis zum Kniegelenk aus und steigern diese wöchentlich, bis Sie den ganzen Körper kalt duschen. Das kalte Duschen regt die Körperfunktion an. Es kommt zur verstärkten Verbrennungsarbeit innerhalb der Muskulatur.

Ich höre Sie schon sagen: »Das ist ja alles gut und schön. Ich würde dies auch alles gerne tun, aber leider habe ich keine Zeit!« Womit wir wieder beim Zeitproblem wären. In unserer Erziehung hat man sich viel Mühe damit gegeben, uns selbst nicht so wichtig zu nehmen. Ich sage Ihnen aber: »Nehmen Sie sich einmal wichtig,

seien Sie gut zu sich!« Denn nur wer gut zu sich selbst ist, d.h. etwas für sich tut, kann auch etwas für andere tun. Beobachten Sie einmal Ihre Umwelt, wie sie reagiert, wenn Sie sich wohl fühlen, wenn Sie glücklich sind. Ihr Partner, Ihre Kinder, die Kollegen und Nachbarn – alle wirken aufgeschlossener und freundlicher. Ist das nicht Grund genug, sich selbst wichtig zu nehmen?
Mit einer Ernährungsumstellung ändert man nicht nur sein Eßverhalten, man ändert auch seine körperliche, seelische und geistige Haltung, was sich im Äußeren widerspiegelt.

Fitsein bedeutet, daß der Säure-Basen-Haushalt durch die richtige Ernährung und körperliche Aktivität ausgeglichen ist. Unsere Haut wirkt frisch und rosig, unsere Haare glänzen, unsere Augen leuchten fröhlich. Denken Sie daran:

Wahre Schönheit kommt von innen und hat nur in einem entsäuerten Organismus Platz!

Erläuterungen

Agar-Agar:	Geliermittel aus Meeresalgen. Es handelt sich um ein rein pflanzliches Nahrungsmittel und ist damit purinfrei, d.h. ohne tierisches Eiweiß.
Biobin:	Bindemittel aus Johannisbrotkernmehl, purinfrei.
Brottrunk:	Besteht aus Vollkornbrot, Sauerteig und Wasser; Säuerungsmittel u.a. für Kohlenhydratsalate.
Butter:	Ist das natürlichste tierische Fett. Eignet sich vor allem als Streichfett und zum Backen von Kuchen und Gebäck.
Carob (Caroube):	Wird aus Johannisbrotkernmehl gewonnen und gilt als Alternative für Kakao.
Dreier-Reis-Mischung	Enthält Naturreis, roten Camargue-Reis und Wilden Reis.
Fettpinsel:	Ein mit Kokosfett getränkter Pinsel zum Ausfetten von Pfannen, Kuchenformen und Backblechen.
Fisch:	150 g pro Person je Mahlzeit.
Fleisch:	100 g pro Person je Mahlzeit.

Frischkost: Damit ist immer Salat gemeint, bestehend aus Blattsalaten, rohem Gemüse, evtl. auch mit frischem Obst gemischt.

Gelatine: Geliermittel, purinhaltig, nicht empfehlenswert.

Gemüse: 250–300 g pro Person je Mahlzeit.

Gemüse-brühwürfel: Zum Würzen von Suppen und Eintöpfen.

Gemüsebürste: Zum Säubern von Gemüse.

Granulierte Gemüsebrühe: Zum Würzen von Speisen; da granuliert, leicht zu dosieren.

Honig: Das natürlichste, gesündeste Süßungsmittel. Auf die Bezeichnung »nicht wärmebehandelt« achten!

Joghurt: Vollmilchjoghurt verwenden.

Kakao: Auf ungeschwefelte Kakaobohnen achten. Nur sehr wenig und sparsam verwenden. Da Kakao koffein- und theobrominhaltig ist, zählt er zu den Säurebildnern und ist als Getränk nicht zu empfehlen.

Knoblauch: Läßt sich am einfachsten verwenden, indem man ihn durch eine Knoblauchpresse drückt. Wünscht man einen milderen Geschmack, so reicht es, die Knoblauchzehe in der Mitte zu teilen und die Schüssel damit auszureiben.

Kokosfett: Sollte ungehärtet sein. Vor allem zum Braten und Backen in der Pfanne und zum Einfetten von Kuchen- bzw. Backblechen geeignet.

Kräuter:	Entweder frisch, getrocknet oder tiefgekühlt verwenden.
Kräutersalz:	Auf der Basis von Vollmeersalz, eignet sich hervorragend zum Würzen von Salaten, Gemüsen und Quark.
Leinsamen:	»Goldsamen« enthält die meisten Inhaltsstoffe, sollte nicht geschrotet, jedoch eingeweicht verwendet werden.
Margarine:	Auf die Bezeichnung »ungehärtet« achten.
Mehl:	Nur Vollkornmehl verwenden!
Müsli:	Als Basenmahlzeit am Morgen. Selbst zubereiten, keine Fertigprodukte verwenden.
Nudeln:	Vollkornnudeln ohne Ei nehmen.
Öl:	Auf die Bezeichnung »Unraffiniertes Öl aus 1. mechanischer Pressung« achten.
Pflanzenwürze flüssig:	Purinfreie Würze.
Quark:	Während der Abnahme Magerquark, später kann 20%iger Quark verwendet werden.
Reis:	Nur Naturreis verwenden! (Siehe auch »Dreier-Reis-Mischung«.)
Rosinen:	Darauf achten, daß es sich um ungeschwefelte Rosinen handelt.
Sahnetupfer:	Sahne steif schlagen. In eine Spritztülle füllen und auf Backpapier Tupfer spritzen, einfrieren. Die Sahnetupfer können bei Bedarf einzeln entnommen und verwendet werden.

Salat schleudern: Mit Hilfe einer »Salatschleuder« das Wasser entfernen, dadurch schmeckt der angemachte Salat intensiver.

Salz: Vollmeersalz sparsam verwenden.

Suppen: Spielen in der Trennkost eine untergeordnete Rolle und werden selten gereicht. Auf jeden Fall sollte vor der Suppe die Frischkost gegessen werden.

Vanille: Da das Arbeiten mit der Vanilleschote aufwendig ist, empfehle ich gemahlene 100-%-Bourbon-Vanille.

Register nach Sachgruppen

REZEPTE ZUM EINSTIEG
IN DIE TRENNKOST

FRÜHSTÜCKSIDEEN

Frischkornmüsli

Herzhafte Frühstücksvarianten

NACHSPEISEN ZUR EIWEISS-MAHLZEIT

SALATE ZUR KOHLENHYDRAT-MAHLZEIT

SALATE ALS KOHLENHYDRAT-HAUPTMAHLZEIT

KOHLENHYDRATMAHLZEITEN

Kartoffelgerichte

Reisgerichte

Getreidegerichte

Pikante Pfannkuchen

Alphabetisches Register